I0169156

J.SANDEAU   A.DUMAS.   DE BALZAC

Muséum Littéraire.

LE

TAILLEUR DE PIERRES

DE SAINT-POINT,

PAR A. DE LAMARTINE.

2

G.SAND   E. SUE.   P.FÉVAL

Bruxelles,

ALPH. LEBÈGUE, IMPRIMEUR-ÉDITEUR,

Rue Notre-Dame-aux-Neiges, 60 (Jardin d'Idalie).

Et chez tous les Libraires Correspondants du Muséum
en Belgique et à l'Étranger.

LE

TAILLEUR DE PIERRES

DE SAINT-POINT.

Y^2

@

LE

TAILLEUR DE PIERRES

DE SAINT-POINT.

PAR

M. DE LAMARTINE.

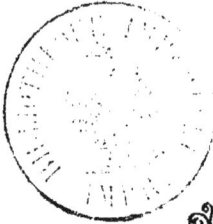

2

439.

BRUXELLES,

ALPH. LEBÈGUE, IMPRIMEUR-ÉDITEUR,

Rue Jardin d'Idalie, 1,

Près de la rue Notre-Dame-aux-Neiges, 60.

1851

LE

TAILLEUR DE PIERRES

DE SAINT-POINT.

C'est ainsi, monsieur, que dans ma bassesse, je tâchais de me faire ma religion à moi-même, et de servir le bon Dieu de mes petits moyens, selon sa volonté.

Et c'est alors que je me dis : Mais ça ne suffit pas de penser à lui et de le prier comme tu fais en te levant, en te couchant et en te reposant à midi, après ton pain mangé à l'ombre, il faut encore lui montrer que tu es un fidèle ouvrier de sa maison sur terre, que tu veux servir sans gage rien que pour ton pain, et que tout ton gage tu le donneras à ceux qui sont plus faibles ou plus malades ou plus nécessiteux que toi. Et vous ne sauriez croire, monsieur, combien le bon Dieu me payait ma journée dans mon cœur mieux que le bourgeois ou l'entrepreneur dans la bourse. Il me semblait que toute la monnaie que je ne prenais pas pour moi ou que je prenais pour la reporter le soir au blessé, au malade, à la femme, aux enfants, au père ou à la mère infirme des compagnons, ça formait toute la nuit dans mon oreille une bourse pleine d'argent et d'or que le bon Dieu m'aurait versés lui-même dans la main! Et ça me donnait toujours un nouveau cœur à l'ouvrage.

Et quand les camarades me disaient : Mais si tu ne ramasses rien pour toi, que feras-tu, Claude, dans ta vieillesse? Oh! alors, je répondais : J'ai un frère et une sœur aux huttes qui me retireront et qui me nourriront dans leurs vieux jours. Voilà pourquoi je n'ai pas besoin de penser à moi, mon père y a pensé; j'ai un petit bien, je ne veux pas me marier; sans cela il faudrait bien que je gagne et que j'économise pour ma femme et mes enfants à mon tour. Et quand les camarades, et les jeunes filles, leurs sœurs, me disaient : Pourquoi donc que tu ne veux pas te marier, Claude? Il y en a bien dans le pays qui te prendraient pour ton bon cœur et pour tes deux bras encore! Alors, monsieur, je ne répondais rien, je devenais tout rouge ou tout pâle en pensant à Denise, et je m'en allais regarder couler la rivière ou courir les nuages sur les hautes montagnes.

Je revins rêveur au village n'ayant pas osé, ce jour-là, sonder plus avant dans le cœur du pauvre tailleur de pierres.

Je remontai le dimanche suivant, je le trouvai au fond du ravin, à peu près à l'endroit où son frère l'aveugle était tombé ou s'était jeté dans la nuit de son désespoir. Il s'était assis non loin de ses chèvres qui broutaient l'extrémité des jeunes tiges sur les escarpements des deux bords du ravin. Le bruit qu'elles faisaient en secouant les jeunes branches, en détachant le gravier sous leurs sabots de corne, et le petit gazouillement du ruisseau sur les cailloux de son lit, empêchaient Claude de m'entendre. Il était au pied d'un sorbier dont les feuilles légères et découpées laissaient pleuvoir sur lui et sur l'herbe autour de lui de légers rayons du soleil dans l'ombre, comme des lucioles vivantes se poursuivant la nuit sur le bord d'un large fossé. Des multitudes d'oiseaux chantaient, sifflaient, gazouillaient, volaient parmi les branches de chènes, de frênes, de hêtres, de cerisiers sauvages au-dessus de sa tête. Des fleurs de ténèbres et d'humidité nuançaient çà et là le tapis déchiré de gazon, et pendaient en touffes et en bouquets jusque sur le lit du ravin comme pour respirer l'eau qu'elles parfumaient à leur tour. L'air du midi tombant d'un ciel calme et embrasé s'insinuait à travers ce dôme d'arbustes et attiédissait la fraîcheur ordinaire du ravin. On ne voyait à travers les branches que de petits pans de ciel bleu qui faisaient paraître la verdure des

feuilles plus crue et plus foncée en contraste avec le fir-
mament. Les moucherons s'échappaient par nuages de
l'eau chaque fois qu'un oiseau s'y abattait pour boire. Ils
flottaient comme de petites nuées vivantes au-dessus de
l'écume du ravin, et le rayon du soleil, en les traversant,
les faisait reluire de toutes les couleurs de leurs ailes
comme des arcs-en-ciel ailés sur des cascades de vie dé-
bordante.

II. — Au milieu de ce site, bien plus enchanté pour
Claude que pour moi, puisqu'il était la scène de son enfance, de toute sa vie, et qu'elle revêtait, pour ainsi dire, de
toutes ses impressions, de tous ses souvenirs, Claude semblait absorbé dans la contemplation de ce qui l'entourait.
On eût dit qu'il faisait partie vivante, végétante ou pé-
trifiée de la terre, et qu'il y était aussi enraciné que le
tronc du sorbier contre lequel il s'appuyait. Je me gardai
bien de le déranger par aucun bruit importun et préma-
turé; j'étais curieux de voir vivre et d'entendre respirer
cet homme devant Dieu seul.

Il y était en effet, comme toujours, par la pensée et par
l'adoration; mais il ne se doutait pas qu'il y avait un regard et une oreille entre son âme et Dieu.

III.— Il traçait avec distraction des lignes sur le sable
avec la branche de noisetier encore feuillue au bout
qu'il tenait à la main. Il faisait rouler du pied des grains

de sable ou de petits graviers dans l'eau en paraissant
écouter avec un certain charme le petit bruit de cloche
plaintive que ces chutes faisaient rendre au bassin. Il appelait par son nom tantôt une chèvre, tantôt l'autre; il
sifflait son chien, il suivait de l'œil le papillotement des
rayons sur l'eau; il s'accoudait tantôt sur un bras, tantôt
sur l'autre; il fermait et il rouvrait, tour à tour, sa lourde
paupière comme pour contenir ou pour laisser évaporer
ses pensées. Il avait de longs intervalles pendant lesquels
on ne l'entendait pas plus aspirer son souffle que s'il eût
été mort, puis, de longues et inépuisables respirations
comme s'il eût voulu épancher toute sa vie dans une ha-
leine. On voyait qu'il y avait à la fois du calme et du
mouvement dans cette âme, et qu'elle ressemblait à la
mer qui coupe ses majestueux silences par de majestueuses
ondulations. L'enthousiasme intérieur pesait évidemment
sur lui comme Dieu, père invisible, sur son Océan. Il
priait.

IV. — Que n'aurais-je pas donné pour traduire en
paroles cette prière sourde, cette invocation muette qui se
passait toute ainsi entre ses lèvres et son cœur! On n'a
jamais noté les palpitations d'une âme simple, plus belles
sans doute mille fois que les hymnes des poëtes, et les
prières savantes et étudiées de ceux qui font profession
d'enthousiasme et de contemplation. Il ne me fut pas
donné d'en saisir autre chose que la contre-empreinte sur

sa physionomie, dans son attitude, dans ses gestes, et quelquefois le nom du bon Dieu qu'il prononçait en inclinant le front ou en élevant ses regards vers la cime des arbres. Mais dans l'accent avec lequel il prononçait ce nom, il y avait toute une révélation de la présence et de la sainteté de son créateur. J'entendis distinctement aussi le nom de Denise, et ces mots huit ou dix fois répétés : Es-tu là? Me vois-tu? Est-ce toi, Denise, qui me réponds dans l'âme? Dis-moi donc quand il plaira au bon Dieu de nous réunir? Je suis bien impatient peut-être, n'est-ce pas? C'est bien mal à moi de ne pas savoir attendre la volonté de là-haut que tu sais, toi! Mais la montagne est si seule sans toi! Obtiens donc du bon Dieu qu'il ait pitié de Claude! Denise! Denise! mon Dieu! mon Dieu! que la vie me dure! Et quelques autres paroles confuses et entrecoupées comme celles-là. Puis, comme s'il eût eu honte de son impatience, et comme s'il eût rougi de s'attendrir ainsi sur lui-même, il se leva, s'essuya les yeux, sourit tristement au soleil qu'il apercevait en haut sur l'extrémité du ravin, et remonta lentement la pente de mon côté. Je fis alors du bruit dans les feuilles et quelques pas, comme si je venais d'arriver seulement aux *huttes,* et comme si je cherchais Claude vers l'enclos de roches. A ce bruit, il me reconnut, remonta tout à fait, me salua son bonnet à la main et ses cheveux au vent. Je lui serrai la main avec un sentiment d'amitié véritable que je reconnus dans l'impression forte et confiante de sa propre

main. Nous allâmes en causant de la beauté de la saison
et de la sérénité du jour nous asseoir sous le grand châtaignier, dont ses feux de berger dans son enfance avaient
creusé le tronc et calciné les racines.

V. — Après avoir ramené insensiblement et par de
longs et flexibles détours la conversation sur lui-même et
sur sa vie passée : Eh bien! Claude, lui dis-je, étiez-vous
suffisamment heureux dans cette vie de dévouement à vos
frères pendant votre tour de France, et ne pensiez-vous
jamais qu'à soulager vos camarades, au bon Dieu et aux
livres que le vieillard vous lisait sur ses perfections et sur
votre destinée après cette existence?

—Oh! monsieur, me répondit-il, je pensais bien aussi et
trop souvent à autre chose, au pays, à la montagne, à ma
mère, à mon frère, à ma petite sœur et à Denise. Plus
j'essayais de chasser ces idées qui me rendaient le marteau si lourd dans la main et le goût du pain si amer, plus
elles me revenaient toujours malgré moi. Mes camarades
se moquaient de moi en badinant et m'appelaient le *son-
geur*. Dis donc, Claude! me disaient-ils, est-ce que tu as
oublié quelqu'un dans les étoiles, ou est-ce que tu as perdu
quelque chose dans les montagnes que tu regardes ainsi,
en soupirant, toujours en haut? Je devenais tout rouge,
monsieur, et je ne savais quoi répondre. Hélas! ce n'é-
tait que trop vrai que j'avais tout laissé et tout perdu sur
les hauteurs, et toutes les fois qu'en sortant des villes pour

me promener les dimanches, ou en traversant les plaines
d'un pays, je voyais des cimes de montagnes comme celles-
ci et une fumée de hutte ou de bûcheron montant de derrière des sapins, je ne pouvais en détacher mes yeux.
Quand je portais la main pour mieux voir, je ramenais
mes doigts tout mouillés. Je me disais : C'est comme chez
nous! Il y a peut-être là des ravins, des roches, des chevreaux qui broutent, des eaux qui coulent en chantant par
les rigoles, un foyer où l'on jette les fagots fleuris pour
faire la soupe de la famille; une vieille mère, une belle
fiancée, une Denise!... Et puis, je me sentais les jambes
si lasses que je ne pouvais plus marcher, et que j'étais
forcé de m'asseoir sur le revers du fossé en face de ces
chaînes hautes d'où me descendaient ces pensées au cœur.
En un mot, monsieur, j'avais ce que nous appelons
nous autres le mal du pays, la maladie presque la seule
que nous ayons, la maladie du pauvre monde qui, n'ayant
pas grand'chose à aimer autour d'eux, se met à aimer le
coin de terre qui les a portés. Je pense que c'est comme
ce châtaignier : si on le transplantait, qui regretterait et
qui aimerait la motte de terre qui a nourri ses racines?

VI. — Et alors, monsieur, et à chaque moment, le jour
et la nuit, je me donnais tout seul un moment de peine et
de plaisir en me disant : Pensons librement à eux. Qu'est-
ce qu'ils disent? Qu'est-ce qu'ils font là-haut, juste au
moment où je pense ? Voilà la nuit, ils rentrent à la

hutte, ils rallument le feu pour le souper; voilà le matin,
ils sortent avec leurs râteaux et leurs sarcloirs sur l'é-
paule pour aller nettoyer le pré ou l'auge; voilà midi, ils
mangent ensemble à l'ombre du foyard au coin du champ;
voilà le soir, ils se reposent sur la porte et ils font peut-
être leurs prières en pensant à moi! Voilà le printemps,
ils lavent les agneaux à la fontaine; voilà l'été, ils rappor-
tent sur l'aire devant la maison les gerbes d'où pendent
des pavots coupés et qui sonnent comme des fils de laiton quand elles sont sèches et que le fléau tombe dessus.
Denise, ma mère et ma sœur les foulent les pieds nus,
pendant que mon pauvre frère écosse les pois tout seul
dans un coin de la cour, de peur qu'il ne blesse quelqu'un
avec son fléau. Voilà l'automne, ils battent les châtaigniers. Voilà l'hiver, ils se chauffent à la lueur du creusieu, à la chaleur des moutons dans l'écurie en tillant le
chanvre ou en cassant les noisettes pour faire l'huile. Mais
combien sont-ils? Ma mère y est-elle encore? Est-elle bien
voûtée? Ses mains, qui commençaient à maigrir, trem-
blent-elles? Y a-t-il de nouveaux enfants autour des tabliers des femmes ou dans des berceaux au pied du lit?
Ah! monsieur, je ne pouvais plus jamais m'arrêter une
fois que je me dessinais en idée toutes ces choses devant
les yeux et que je me faisais en moi-même toutes ces
questions auxquelles je me répondais, sans savoir, tantôt
d'une manière, tantôt d'une autre. C'étaient comme des
rêves réveillés, quoi !

VII. — Et plus le temps s'écoulait, et plus ces pensées se cramponnaient à mon esprit comme ces lierres qui se cramponnent d'autant plus à ces murs qu'ils vieillissent plus. Enfin je n'y pouvais quelquefois plus tenir. Je me disais : Allons, retournons-y demain; n'y a-t-il pas sept ans ? N'est-il pas tombé assez de neiges et de feuilles mortes sur le sentier où nous nous sommes dit adieu, Denise et moi ? Pense-t-elle à moi seulement, maintenant, autrement que comme une sœur pense à un frère absent? N'est-elle pas mariée et heureuse depuis si longtemps ? N'a-t-elle pas plusieurs petits qui pendent à sa robe ou qu'elle porte sur son sein en allant aux roches ? Cette idée, que nous avions eue autrefois l'un pour l'autre, n'est-elle pas passée des milliers de fois de son cœur comme l'eau de la neige fondue au printemps a passé des milliers de fois dans le lit du ravin, sans qu'on puisse jamais repuiser la même ? Peut-être qu'ils seront bien aises de me revoir, au contraire? Peut-être que ma mère me demande à son lit de mort? Peut-être qu'ils ont plus de bouches à nourrir à la maison qu'ils n'ont de bras pour piocher, pour semer et pour moissonner? Peut-être qu'ils ont besoin d'un ouvrier, qu'ils n'ont point de gages à donner à un valet ou à une servante, et qu'ils disent entre eux : Ah! si Claude était là! Il me semblait les entendre, monsieur, tout comme s'ils avaient parlé à côté de moi, à mon oreille.

VIII. — A la fin, sans m'en rendre bien compte à moi-même, je me rapprochai insensiblement du pays comme la mouche qui tourne autour de la lampe quand même on la chasse pour l'empêcher de s'y brûler. Je vins travailler de Toulon à Barcelonnette dans les Basses-Alpes, puis à Grenoble, puis aux carrières de Vienne en Dauphiné, puis aux carrières de Couson sur la Saône où l'on taille des pierres pour la ville de Lyon, puis à Belle-Ville, puis à Villefranche en Beaujolais, puis à Mâcon d'où l'on voit le revers des montagnes où sont les huttes noircies le soir comme un mur à moitié démoli contre le ciel. Ah ! une fois que je fus là, je retenais bien encore mes pieds par ma volonté, monsieur, mais je ne pouvais plus retenir mes yeux. Aussitôt que je les levais de dessus ma pierre de taille , ils voyageaient d'eux-mêmes vers ces montagnes. C'était si dur, monsieur, de me dire : Dans sept heures de marche tu te contenterais, tu serais où tu voudrais être, tu verrais ce que tu veux voir! Eh bien, non! tu n'iras pas, tu te borneras à regarder de loin ton pays! On ne saura pas encore que tu en es et que tu as passé si près d'eux!

IX. — Vous me direz : Mais vous ne donniez donc aucune nouvelle de vous, et vous ne receviez donc aucune nouvelle des autres? D'abord, monsieur, ni moi, ni personne de la maison, nous ne savions lire ou écrire, et puis, je n'avais jamais rencontré un garçon de la montagne dans

les chantiers qui pût me dire ceci ou cela du pays. Ensuite, faut-il vous le dire, tout en désirant tant savoir ce
qui était arrivé depuis mon tour de France à la maison,
j'avais peur de l'apprendre. Je sais bien que c'est une
contradiction, mais c'est comme ça. Est-ce que vous
n'avez pas senti quelquefois que l'homme était, pour ainsi
parler, double, et que pendant que l'un désirait une chose,
l'autre craignait en lui-même. Donc, pas un mot des
huttes n'était venu à moi depuis si longtemps, et pas un
mot de moi n'était arrivé aux huttes. C'était pour moi
comme un autre monde où j'aurais vécu avant la mort,
et que je ne reverrais jamais qu'après ma résurrection.

X. — Mais depuis que je m'étais laissé entraîner par
moi-même, et comme malgré moi, à revenir si près, et
depuis que je mesurais des yeux, tout le jour, le nombre
de pas que j'avais seulement à faire pour arriver à ces
montagnes et pour revoir la famille, je n'étais plus si
maître de mes jambes, ni de ma volonté. J'étais quelquefois comme fou de désir, monsieur; mon cœur battait
comme s'il avait voulu s'échapper de ma veste et aller
sans moi là-bas.

Je ne dormais plus, ou je dormais quasi éveillé en
voyant en songe toutes sortes de choses de la maison, que
je ne pouvais plus effacer de mes yeux quand j'étais réel-
lement réveillé. Je devenais encore plus silencieux que
d'habitude; je n'avais plus goût même à soulager celui-ci

ou celui-là par mon travail, et, pour comble, je ne priais quasi plus le bon Dieu, ou du moins je ne m'entendais pas moi-même quand je marmottais mes prières. Oh ! ce fut un terrible temps de ma vie ! Je me repentis bien d'être venu si près, et je formai bien souvent la nuit le projet de retourner à Toulon ou à Bayonne, et de rester à jamais si loin, si loin, que je n'eusse pas la tentation qui me travaillait l'esprit. Mais, bah ! quand le jour revenait et que je revoyais la montagne, c'était fini, c'était comme si j'avais eu des semelles de plomb aux deux pieds ; je ne pouvais plus partir.

XI. — Voilà exactement comme je vivais pendant ces quinze malheureux jours, et plût à Dieu que j'eusse écouté la voix qui me retenait, au lieu d'écouter celle qui m'appelait aux huttes. Mais Dieu sait le meilleur ! Cela fut plus fort que moi. Une nuit que je ne pouvais absolument pas m'endormir et que les tempes me battaient sur l'oreiller comme les ailes d'un oiseau qui veut briser sa cage, je me relevai en sursaut, je m'habillai sans me donner le temps de penser à ceci ou à cela, je pris mon sac sur mon dos et je me mis à marcher à travers la campagne et la nuit sombre sans sentir la terre sous mes pieds, comme on dit que les fantômes marchent. J'étais tout en sueur, mais ma sueur était froide comme si on m'avait jeté un seau d'eau sur la tête. Avant que le jour se fît là-bas sur le Mont-Blanc, j'étais déjà aux pieds des montagnes. Je montai par les sentiers et par les bois de sapin sans souffler seulement et sans m'asseoir sur aucune pierre. Il me semblait que je monterais toujours, toujours, sans jamais atteindre. Pourtant, quand le soleil en plein vint me réchauffer un peu et que le grand jour me rendit un peu de raison, je me dis : Où est-ce que tu vas, et qu'est-ce que tu vas faire? Sais-tu seulement si ta mère vit? Si ton frère heureux avec Denise ne te verra pas avec jalousie à la maison, sachant que Denise t'avait donné son cœur avant que ta mère lui donnât sa main? Sais-tu si tu ne troubleras pas le cœur de Denise par ta vue? Sais-tu si tout le bonheur de la maison ne disparaîtra pas à ton arrivée comme l'ombre de ces arbres est chassée par le soleil? Et si cela est, de quoi t'aura servi d'avoir été courageux et bon une fois, et absent tant d'années de ta jeunesse, pour perdre en une heure tout le fruit de ta peine? Ne vaut-il pas mieux qu'ils te croient tous mort, comme ils doivent le croire, n'ayant jamais plus entendu parler de toi? Enfin mille choses comme cela, monsieur. De telle sorte que je faisais un pas et puis que je reculais de deux, que je reprenais mon élan et puis que je m'arrêtais, regardant la terre et le bout de mes souliers, immobile, sans respiration comme un mort debout. Ah! monsieur, quelle marche douloureuse : comme si j'avais monté un Calvaire, voyez-vous!

XII. — Ne pouvant ni me résoudre à revenir sur mes pas, ni me décider à continuer plus avant, et voyant le soleil de midi tellement clair que les bergers pourraient me reconnaître de loin et porter la nouvelle de mon retour au pays, aux huttes, je m'enfonçai un peu à l'écart du sentier contre une roche, et je me mis la tête dans les mains pour réfléchir. Non, que je me dis, je ne peux pas retourner, c'est trop avancé; il y a des cordes qui me tirent le cœur, tellement que mon cœur y resterait si j'essayais de tirer de l'autre côté. Je verrai demain la maison de ma mère, je saurai qui vit ou qui meurt sous le toit de mon père, je ne m'en irai pas sans que la voix de Denise ait encore une fois réjoui mon oreille, si Denise vit encore du moins! Mais je ne me ferai pas voir, j'attendrai ici ou ailleurs que la nuit soit venue, je marcherai nu-pieds, je retiendrai mon souffle pour ne pas éveiller le chien, je m'approcherai comme un voleur, hélas! pour voler un seul coup d'œil sur ceux que j'ai tant aimés et tant regrettés.

XIII. — Comme je parlais ainsi en dedans de moi, le visage vers la terre, sans rien voir et sans rien écouter du dehors, voilà que j'entends une voix toute cassée qu'il me semble reconnaître et qui me crie du sentier : C'est donc vous, monsieur Claude? On disait que vous étiez mort, et qu'on ne vous reverrait jamais plus au pays! Ce n'était donc pas vrai! Comme vous avez l'air riche à présent! une bonne veste, un chapeau encore bon, et de forts souliers à clous! Donnez-moi donc un sou par charité.

Je suis le vieux *Sans aime!* Je levai la tête tout tremblant à cette voix et je reconnus le pauvre idiot qui courait les montagnes, sa besace sur le dos, depuis son enfance, et qu'on appelait dans le pays l'innocent ou le
Sans aime. Les années ne l'avaient guère changé, si ce
n'est que les cheveux qui sortaient de son bonnet de laine
déchiré étaient blancs au lieu d'être gris comme ils étaient
déjà quand j'étais petit. Le temps glisse sur ces hommes
innocents, voyez-vous, monsieur, comme la pluie sur ces
roches, parce qu'ils ne le sentent pas passer. Ils ne sont
jamais vieux parce qu'ils sont toujours enfants. Ah! bonjour, mon pauvre innocent, que je lui dis; tu m'as donc
bien reconnu tout de même? Mais qu'est-ce qu'ils font aux
huttes?

Je tremblais de sa réponse.

—Aux *huttes,* me répondit-il. Ah! je ne sais pas; il y a
bien six ans que je n'ai pas passé par les *huttes,* voyez-
vous, parce qu'ils ont un nouveau chien qui aboie comme
un loup. Je m'écarte, quand j'ai à passer la montagne, et
je regarde de loin leur fumée, de peur que les enfants ne
me lancent le chien. Je ne sais pas ce qu'est devenu l'a-
veugle, ni la mère, ni Denise, ni la petite; j'ai bien seulement vu les débris de loin sur les rochers; mais voilà
tout. Mais que vous avez donc de beaux habits et de
beaux souliers!

XIV. — Cette admiration obstinée de l'innocent pour

ma veste et pour mes souliers me fit venir une idée,
monsieur. Je me dis : Si je changeais avec lui, et si je me
servais de sa besace, de sa chemise de toile, de son bonnet et de ses sabots pour m'approcher des *huttes* sans
qu'on soupçonnât autre chose de loin que l'innocent? Je
pourrais voir et entendre sans être reconnu, et si je vois
qu'ils n'ont pas besoin de moi à la maison, eh bien! je
m'en retournerai sans avoir rien dérangé dans le cœur de
personne. Je n'eus pas de peine à persuader à l'innocent
de changer ses sabots contre mes souliers, sa tunique de
toile contre ma veste, son manteau troué et sa besace vide
contre mon chapeau. Cela fait, je lui donnai cinq sous
pour aller me faire une commission soi-disant dans un
village à huit lieues de la montagne, afin de l'éloigner
pour deux ou trois jours des *huttes*. Il partit content,
sans se douter de rien, la pauvre âme, et moi je m'enfonçai davantage sous les sapins, de peur d'être vu par quelque berger. Je mangeai des croûtes de pain que l'innocent avait laissées dans sa besace, et je bus dans le creux
de ma main à une source que j'avais trouvée quand je
gardais les chevreaux. J'attendis ainsi, en priant Dieu et
en pensant à la maison, que la nuit bien noire eût enve-
loppé les sapins. Je mis les sabots de l'idiot sur le sentier, afin qu'il pût les retrouver à son retour, et je m'a-
vançai nu-pieds et sans bruit vers les *huttes*.

XV. — Le hasard voulut qu'en approchant de la mai-

son, où je voyais briller une petite lumière, je fus ren‑
contré par le chien, qui revenait de chasser tout seul un
lièvre ou un lapin dans les roches. Il jeta deux ou trois
voix au bruit, et s'élança sur les haillons de l'innocent
pour les mordre. Mais je lui laissai la besace dans les
dents, et l'ayant appelé à demi-voix par son nom, il là-
cha le haillon, se rapprocha peu à peu, en grondant de
moins en moins, comme quelqu'un qui n'est pas sûr s'il
faut se fâcher ou rire, puis m'ayant flairé de plus près,
il me reconnut à son tour, me couvrit de caresses, et
s'attacha à moi sans plus vouloir me quitter. Cela fit que
personne dans la maison ne fut avisé de mon approche.

XVI. — Il pouvait être à peu près deux heures avant
minuit. Il n'y avait ni lune ni étoile dans le ciel :
des nuages noirs couvraient tout. On ne voyait rien
qu'une petite étincelle sortant d'une vitre d'une lucarne
basse qui ouvrait dans le mur de fond de la maison, du
côté du rocher qui domine le ravin. On n'entendait rien
que quelques petits frissons de vent dans les bruyères, le
travail précautionneux des taupes sous les buissons et le
marmottement de l'eau courante au fond du grand *abîme*
où j'étais tout à l'heure, monsieur. Je marchai doucement,
doucement, faisant bien attention à ne pas faire rouler
un caillou, et à ne pas faire bruire une herbe sous mes
pieds nus. A mesure que j'approchais, je me sentais plus
envie de m'en retourner, sans avoir été plus avant, de

peur de savoir ce qui me ferait ensuite trop de chagrin d'avoir appris. Dieu! me disais-je, si je n'allais revoir ni ma mère, ni mon frère, ni Denise autour du foyer, mais quelques visages de femme et d'homme, et d'enfants étrangers, entrés comme les fourmis que vous voyez là dans la maison vide de l'escargot! qu'est-ce que je deviendrais? Oui, oui, il vaut mieux s'en aller, avoir revu le mur, la fumée et la lueur du *creusieu*, et croire que tout est encore là comme de mon temps.

XVII. — Deux ou trois fois je m'arrêtai, et je fis un pas pour remonter d'où je descendais. Vous ne croiriez jamais, monsieur, que ce fut le chien qui me retint et qui me força à redescendre. Il grondait, il me léchait les pieds, il me mordait le bord de mes haillons comme pour me forcer à revenir avec lui. Je craignis le bruit qu'il allait faire, et je continuai à le suivre. Mais, pour dire vrai, je ne savais déjà plus ce que je faisais ou ce que je ne faisais pas. J'étais comme ces hommes qui marchent et qui pensent, dit-on, en dormant.

Je n'osai pourtant jamais, malgré le chien, me diriger du côté de la cour de l'étable et de la porte de la maison. Je descendis dans le ravin, je remontai l'autre bord en me tenant avec les orteils aux racines et avec les mains aux herbes. Arrivé en haut, je grimpai encore le rocher que vous voyez qui sert de base à la hutte et je me trouvai droit contre le mur tout à côté de la petite lucarne éclairée,

— 24 —

qui était encore toute comme grillée en dehors par des
fils des feuilles et des grappes de notre lierre.

XVIII. — J'écoutai un peu, mais je n'entendais rien
que les coups sourds de mon cœur dans ma poitrine comme
ceux du bluttoir d'un moulin qu'on a détraqué. J'écartai
petit à petit les grappes et les feuilles du lierre, et je parvins, sans être entendu, à faire à ma tente une étroite ouverture par laquelle je pouvais voir à travers la vitre ce
qui se faisait dans la maison. Mais, au premier moment,
j'avais beau regarder, je ne voyais qu'un brouillard de feu,
tant le trouble et l'impatience de mon esprit m'avaient jeté
un nuage sur la vue. Peu à peu, ça se débrouilla pourtant,
et je commençai à apercevoir un feu dans l'âtre, et des
figures qui allaient et qui venaient autour de la flamme,
en faisant résonner leurs sabots sur les *cadettes* de pierre
du plancher. Mais je ne pouvais me dire encore si c'étaient
des hommes ou des femmes, des vieillards ou des enfants.
O ciel! me disais-je, si j'avais tant seulement une fois
entrevu le corsage de Denise, ça me soulagerait, et je
pourrais mieux voir les autres. Puis je me sentais froid à
tous les membres, et je me disais : Mais si elle n'y était
plus?... Ah! quel moment, monsieur, quel moment! une
éternité ne dure pas plus qu'une minute comme celle-là.

XIX. — A la fin, mes yeux ou les vitres s'éclairèrent,
un gros fagot de genêts jeta une grande flamme dans le

foyer et illumina toute la chambre... Denise, Denise!
m'écriai-je tout bas. C'était elle, monsieur, je l'avais bien
vue passer à la lueur du feu. Elle portait quelque chose
à la main comme une tasse qu'elle était venue prendre
sur le feu, et elle la portait du côté de l'ombre, vers un lit
qui était au fond de la chambre. Je tombai un instant à la
renverse sur un tas de fagots qui étaient sur le rocher, et
il me fallut un effort et du temps pour me remettre sur mes
jambes et pour reprendre ma place à la lucarne. Alors,
non-seulement je vis, mais j'entendis distinctement une
voix cassée et amicale, la voix de ma mère, qui disait du
fond du lit : « Merci, ma pauvre Denise! je te donne bien
des ennuis, et je te fais coucher bien tard et lever matin;
mais, grâce à Dieu, tu n'auras pas longtemps à prendre
ces peines. Le bon Dieu ne tardera pas à me mettre en
repos. »

Ah! monsieur, je compris que ma mère était bien malade, mais, qu'au moins, je pourrais lui dire adieu et recevoir sa bénédiction avant son décès. Le cœur me fendit et
je me pris à pleurer.

XX. — Je passai la main contre la vitre pour effacer le
brouillard de mon souffle qui m'empêchait de nouveau de
tout voir dans la chambre, et voilà ce que je vis.

D'abord l'escabeau de ma mère auprès du feu était
vide : on avait mis dessus le coffre à sel et le sac de farine
de blé noir. Je compris que ma mère ne sortait plus du lit

depuis longtemps, et que sa place était pour jamais va-
cante au coin de la cendre.

Ensuite je vis le petit trépied de bois de noyer sur lequel
s'asseyait tous les soirs mon frère pour tiller le chanvre,
renversé, les pieds en l'air, dans un coin de la chambre.
Son bâton d'aveugle, qu'il tenait toujours entre les jambes,
même à la maison, pour toucher de loin ceci ou cela, était
rangé avec des manches de pioche et de râteaux contre le
mur, le long de la pierre de la cheminée, et il y avait
dessus de la poussière et des toiles d'araignées. Je me
doutai que mon pauvre frère était mort, puisque l'aveugle
n'avait plus besoin de bâton. Dieu! déjà deux places vides
en si peu de temps. Je fondis en larmes, et je m'écartai
un moment de la lucarne, de peur qu'on ne m'entendît
sangloter du dedans.

Ce que c'est que de nous, monsieur! Essayez donc de
vous en aller huit ans de votre château, qu'on dit si plein
de monde, de tendresse, de richesse, et puis, revenez-y,
vous verrez! Ah! non, monsieur, je ne vous souhaite pas
un quart d'heure comme celui-là!

XXI. — Je revins à la fenêtre après avoir pleuré. Denise venait de se rasseoir devant le feu pour déshabiller
les enfants; car il y avait deux petits enfants de quatre à
six ans qui allaient et venaient à travers la maison pendus
à son tablier, j'avais oublié de vous le dire.

Donc, je pus voir Denise tout à mon aise, monsieur,

car elle avait le dos de sa chaise tourné contre la porte, et le visage, bien éclairé par la flamme, tourné du côté de la lucarne. Ah! monsieur, ce n'était plus la même Denise que j'avais laissée. Elle était toute autre, mais on reconnaissait bien toujours la même sous l'autre, la belle jeune fille de dix-huit ans sous la jeune veuve de vingt-six ans. Il semblait qu'il n'y eût qu'à passer la main sur l'ombre de son visage, pour la retrouver tout comme elle avait été avant mon tour de France. Elle avait sa robe de laine galonnée de noir, ses joues plus blanches, les coins de la bouche un peu plus abaissés vers le menton, le tour des yeux un peu plus taché de bleu, comme quelqu'un qui a reçu une légère meurtrissure au-dessous des paupières, le corsage un peu plus bas, les bras encore plus blancs de peau et tant soit peu plus maigres.

Une personne qui n'a rien vieilli, mais qui a souffert ou qui a pleuré les nuits, enfin! Voilà comme était Denise! Ah! je ne pouvais pas en détacher mes yeux, et je me disais : Pauvre Denise! pauvre Denise! que n'étais-je là pour t'épargner des peines et de l'ouvrage? Je t'aime encore mieux comme cela que quand il n'y avait pas une larme dans le coin de tes yeux et pas un coup de doigt de chagrin sur la peau de tes joues! Dieu! que tu me plais mieux encore ainsi que plus jeune et plus avenante! Ah! je ne pourrai plus être ton fiancé; mais que je voudrais être ton secours et ton serviteur sans autre gage que de te voir et de tenir tes petits enfants orphelins sur mes genoux!

XXII. — Quand elle les eut à moitié déshabillés, ses deux petits, je veux dire un garçon de six ou sept ans et une petite fille de quatre ou cinq ans, et qu'on vit leurs jolies petites épaules roses qui sortaient de leurs chemises de toile bien propre, elle les fit mettre à genoux devant son tablier, et je l'entendis qui marmottait à demi-voix le *pater*, dont elle leur faisait répéter les mots, les mains jointes, presque endormis qu'ils étaient déjà. Dieu! que c'était joli à voir, monsieur, cette jeune femme avec ces petits dont le bon Dieu avait pris le père, toute seule abandonnée au milieu de la montagne, la nuit, à côté d'une vieille mère mourante, faisant parler ses deux jolis enfants du père qu'ils ne voyaient pas dans le ciel, tout comme s'ils l'avaient vu, et les embrassant après sur le front ou sur la bouche pour les récompenser d'avoir bien dit son nom après elle!

Quand ça fut fini, elle leur dit : A présent que vous avez bien dit votre prière au bon Dieu pour nous, mes petits, il faut que nous la disions en finissant pour les autres, et, comme pour mieux fixer leur attention par quelque chose de visible, elle tendit le bras gauche contre le mur, et elle en détacha quelque chose qui pendait à un clou à côté de la cheminée. C'était mon sac de tailleur de pierres, monsieur, que j'avais laissé à la maison par oubli le jour où je m'étais sauvé sans dire adieu à mon frère, et qui était resté là, comme un souvenir de

moi, juste où je l'avais mis. Elle le prit donc et le mit
sur ses genoux devant les mains jointes des deux enfants.
Je vis briller quelque chose sur le sac, monsieur : c'était
la croix de laiton de son ancien collier qu'elle m'avait
voulu donner en partant et que je n'avais pas voulu prendre. Il paraît que depuis ce jour, elle n'avait pas voulu
remettre ce collier et cette croix à son cou, et qu'elle les
avait laissés attachés avec une épingle sur mon petit sac
de cuir.

— Allons, mes enfants, dit-elle, maintenant faites une
prière devant ce crucifix au bon Dieu pour qu'il mette
l'âme de votre père dans son saint paradis.

Et les petits baissèrent la tête comme elle.

— Faites une prière pour que le bon Dieu soulage et
guérisse votre grand'mère, qui est malade, et pour qu'il
nous la conserve au moins jusqu'à ce que vous soyez
grands.

Et ils baissèrent la tête comme elle.

— Faites une prière pour votre oncle Claude, dont
nous parlons tous les jours, et dont voilà le sac sous ce
crucifix, afin que, s'il est mort, le bon Dieu lui fasse
grâce et miséricorde parmi ses anges, et que, s'il est vivant, le bon Dieu prenne soin de lui dans les pays bien
loin, bien loin où il voyage, qu'il lui fasse trouver une
bonne femme et des enfants comme vous qui l'aiment bien
et qui le soulagent dans son travail.

Et ils baissèrent la tête comme elle, mais elle la tint

plus longtemps baissée encore que pour les autres, et en
approchant le crucifix et le sac de ses lèvres pour baiser
la croix, elle toucha le sac de ses lèvres avant de le re-
pendre au clou.

Et je connus que Denise avait encore son amitié pour
moi; je n'en voulus pas voir davantage, monsieur.

Chapitre douzième.

1. — Le feu s'éteignit bientôt dans la chambre, le silence du sommeil s'établit dans la maison. Moi seul je
rôdais dehors à tâtons et à la faible clarté du croissant
de la lune, qui venait de se lever derrière les châtaigniers.
Je ne savais pas ce que je voulais faire, mais il m'était
impossible de m'écarter. C'étaient comme des cordes qui
me tiraient le cœur. Je fis quelques pas d'ici et de là, je
reconnus tous les endroits où j'avais été enfant avec ma
mère et mon frère, jeune berger avec Denise : le puits, la
source, les pruniers, le verger, le pré, les meules de paille.
Il me semblait que tout me disait : Bonjour, Claude, il y
a longtemps que nous ne t'avons pas vu! Mais nous te
reconnaissons toujours comme la coque reconnaît la châ-
taigne où elle a été formée quand on la remet dedans
pour l'hiver. La clarté si douce de la lune en pleuvant
sur les feuilles était comme une illumination secrète que

les esprits de la montagne avaient allumée pour fêter en
silence le retour de l'enfant de la montagne. J'étais calme,
et je ne pouvais pourtant pas m'endormir.

II. Après avoir tout parcouru et tout reconnu, et même
il faut que je vous avoue toute ma bêtise, après avoir em-
brassé bien des pruniers, des cerisiers et des sureaux,
comme s'ils avaient eu un cœur sous l'écorce pour me
rendre mon embrassement, je me rapprochai de nouveau
de la hutte, et j'en fis le tour. Puis, lassé d'errer ainsi de
droite et de gauche, je m'assis sur un tas de paille qu'on
avait laissé le soir, pour litière, entre la porte de l'étable
des chèvres et l'escalier de la maison, à peu près à l'endroit où vous voyez mon chien couché, quand vous venez
à présent dans ma cave. Étendu là, monsieur, je ne saurais pas vous dire combien de pensées et de souvenirs me
roulèrent dans la tête pendant que le croissant de la lune
passait d'une colline à l'autre sur mes yeux. Le lit de
l'abîme que j'entendis murmurer en bas sous la nuit des
feuilles, ne roula pas plus de gouttes d'eau cette nuit-là.
C'était si triste et c'était si doux tout à la fois!

Quand je pensais que mon pauvre frère aveugle n'était
plus là, que ma mère était peut-être sur son lit de mort,
tout inconsolée de ne pas voir au moins un de ses deux
enfants à son chevet, le cœur me fendait. Puis, quand je
pensais que Denise était là-haut toujours si charmante et
si tendre, veillant auprès de ma mère ou dormant à côté

des berceaux de ses deux petits, et qu'elle m'aimait encore d'assez d'amitié pour avoir appris mon nom de Claude à ses enfants, et pour leur faire prier le bon Dieu pour moi sur son crucifix et sur quelque chose qui venait de moi, je me trouvais néanmoins le plus heureux des hommes qui étaient sur la terre. Dans ce combat si long et si indécis de la peine et du contentement, mes idées se brouillèrent, mes yeux se fermèrent; je rabattis le manteau de mendiant de l'idiot sur ma tête, comme nous faisons de nos vestes, nous autres quand nous voulons dormir; je me tournai le visage du côté du mur, et je m'endormis en me disant en moi-même : Tu te réveilleras avant le jour, et tu t'en iras là-haut te cacher sous les châtaigniers pour n'entrer à la maison qu'après que le soleil sera bien haut, et que ta mère sera bien réveillée, la pauvre femme !

III. — Je croyais ne reposer seulement que quelques heures, et ne pas m'endormir assez pour ne pas entendre le coq chanter.

Mais, monsieur, la lassitude du corps et encore plus la lassitude de l'esprit et du cœur par toutes les idées qui m'avaient battu le front depuis deux longues journées, trompèrent mon espérance, et je m'endormis si fort et si bien que ni le chant de l'alouette, ni le *quiqui-riqui* du coq, ni le mugissement de cent bœufs appelant le bouvier dans l'étable, ne m'auraient pas tant seulement réveillé.

Le bon Dieu le voulait, quoi! J'étais aussi mort et aussi sourd que les pierres de l'escalier que j'avais taillées.

Hélas! ce fut peut-être un grand malheur. Il aurait mieux valu pour tous que j'eusse été sous les châtaigniers et que j'eusse reculé dans mon envie de rentrer à la hutte même pour recevoir la dernière bénédiction de ma mère.

IV. — Je ne sais combien de temps je dormis, monsieur, mais voilà que tout à coup j'entends de légers sabots descendre les marches de l'escalier de la maison, droit au-dessus de ma tête, puis des sabots plus légers et plus petits qui descendent après, puis, qu'en ouvrant les yeux, je vois le grand jour à travers les fentes de mon manteau, puis que j'entends deux petites voix d'enfants qui disent : Mère, regarde donc, voilà l'innocent couché contre le mur; nous n'osons pas passer. Passez, passez, mes petits, répond une voix douce de femme : c'était celle de Denise; venez, venez, l'innocent ne fait mal à personne. Il dort là, le pauvre homme, parce qu'il n'aura pas trouvé de grange ouverte cette nuit; ne le dérangez pas de son sommeil; vous lui porterez une écuelle de lait et du pain quand j'aurai trait les chèvres.

Et elle entra à l'écurie à côté pour traire le troupeau, en passant si près de moi que je sentis le vent de son tablier sur mon visage.

V. — Je vous laisse à penser, monsieur, ce que j'étais dans ce moment. J'aurais voulu être à cent pieds sous la terre et m'en sauver bien loin, de peur d'être vu par Denise dans ces habits de mendiant. Qu'allait-elle penser de moi? Mais les deux petits étaient restés là, dehors à côté de moi, ne faisant quasi pas de bruit par respect pour la mère et se mettant leurs petits doigts sur la bouche en me regardant dormir, de peur de moi et de peur de désobéir à Denise. Je n'osais donc pas remuer. Je me disais : Quand elle aura repassé avec le seau de sapin à la main pour remonter à la maison chercher l'écuelle et le pain, et que ses petits l'auront suivie en haut, je me sauverai, et on ne saura pas ce que je suis devenu quand ils redescendront me réveiller.

VI. — Mais malheureusement, il y avait une écuelle à l'écurie et un morceau de pain du petit berger sur la planche au-dessus de ma tête, à côté de la porte. Donc, en sortant de traire les chèvres, Denise, toujours aussi compatissante qu'autrefois au pauvre monde, tenant à la main une écuelle pleine de lait, et prenant sur la planche un morceau de mie de pain qu'elle trempa dedans, s'approcha de moi tout près, se pencha avec bonté, et me parlant de sa voix la plus douce : Réveillez-vous, pauvre Benoît, qu'elle me dit; il fait grand soleil, il y a bien

longtemps que vous dormez; vous devez avoir besoin de
déjeuner. Voilà une écuelle de lait et du pain; prenez, et
vous prierez le bon Dieu pour toute la maison... et pour
Claude!... ajouta-t-elle encore d'une voix plus tendre.

Ah! monsieur, mon nom dans ses lèvres et ne pas
oser embrasser le bout de ses sabots! Vous figurez-
vous?

Mais je me sentis comme foudroyé de je ne sais quoi,
au front, au cœur et dans tous les membres. Le bon
Dieu m'aurait, je crois, dit de bouger que je n'aurais pas
fait un mouvement. Je n'en fis aucun, monsieur; j'espérais qu'elle s'en irait sans m'avoir réveillé.

VII. — Denise, inquiète de ce que je ne lui répondais
pas et de ce que je retenais même mon souffle pour ne
pas remuer, croyant sans doute que j'étais tombé là,
malade ou exténué faute de nourriture, m'appela encore
plus haut, et ne recevant toujours pas de réponse, mit son
seau à terre, prit l'écuelle de la main gauche, et de la
main droite tira mon manteau de dessus mon visage pour
que le soleil m'entrât dans les yeux et me réveillât.

Qu'est-ce que je devins, monsieur, et qu'est-ce qu'elle
devint elle-même quand mon manteau soulevé par sa
main lui laissa voir en plein soleil, au lieu du visage de
l'idiot qu'elle s'attendait à trouver là, quoi? le visage de
son fiancé Claude, couvert des haillons d'un mendiant!

VIII. — Elle jeta un cri qui fit sauver les enfants et

les poules par toute la cour; elle laissa tomber de ses
doigts l'écuelle et le lait sur l'herbe, et elle tomba elle-
même à la renverse, la main droite soutenant à peine son
pauvre corps sur la première marche de l'escalier.

Je me levai pour courir à son secours.

Les enfants revinrent regarder et pleurer à grands
cris.

La vieille mère sortit au bruit à moitié vêtue sur la
galerie, pour voir quel malheur était arrivé à Denise.

Elle me reconnut, jeta un cri, étendit les bras. J'y
courus, je l'embrassai, je la reportai sur son lit de
mort.

Puis je revins relever et reconsoler Denise à moitié
évanouie de sa peur, et je la soutins dans mes bras, pour
la ramener toute tremblante à la maison et pour la rasseoir sur le banc de bois auprès de la nappe.

IX. — Est-ce bien vous, Claude, sous ces pauvres
habits? me dit-elle. Est-ce bien toi, mon pauvre enfant,
sous cette besace de mendiant? Est-ce que la maison est
assez malheureuse pour qu'un enfant des *huttes*, si gentil
au travail et si serviable aux autres, cherche aujourd'hui
son pain de porte en porte? Ah! mon Dieu...

Je les rassurai bien vite en leur avouant pourquoi
j'avais changé d'habits avec l'idiot sur la côte de Milly,
afin de ne pas être reconnu des bergers et de savoir des
nouvelles de la maison, sans y rentrer pourtant si... Je

n'osai pas achever toute ma pensée, de peur de rappeler le passé à Denise, mais je tirai du gousset de mon gilet une poignée de pièces de trente sols que j'avais gagnées et mises de côté cette fois, à Lyon et à Mâcon, pour la maison, si on avait besoin d'argent, et je montrai à ma mère et à Denise les manches de ma chemise, qui était de belle toile de coton rayée comme les plus fières filles du pays auraient été bien heureuses d'en avoir de pareilles pour se faire des *gorgères* ou des tabliers.

A ces signes, les deux femmes restèrent convaincues que je n'étais pas devenu un mauvais sujet et un mendiant rentrant chez lui pour avilir sa famille.

X. — Elles me firent boire et manger avec les enfants, qui s'accoutumaient à moi et qui riaient en s'affublant du manteau et de la besace du mendiant. Je leur racontai en peu de mots mes voyages de tour de France. Mon Dieu! que le monde est grand! disaient-elles à mes racontances. Denise devint toute pâle quand ma mère me demanda si je n'avais pas fait rencontre d'une fille qui me plût, et si je n'étais fiancé avec aucune. Puis, Denise devint toute rouge et sortit sous couleur d'aller donner de l'herbe aux cabris quand j'eus répondu que non et que je n'avais jamais pensé à me marier.

Alors, quand je fus seul avec ma mère, elle profita de ce que nous n'étions que nous deux, et elle me raconta ce qui s'était passé pendant mon absence à la maison, en se

dépêchant et en parlant bas pour ne pas faire pleurer Denise.

XI. — Ah! mon pauvre Claude, commença-t-elle par
me dire, que j'ai donc eu tort et que j'ai besoin d'être
pardonnée par toi! Il ne faut jamais vouloir autrement que
le bon Dieu veut, vois-tu, mon garçon, ou bien, tôt ou
tard, notre volonté est écrasée sous la sienne. Tu aimais
Denise, Denise t'aimait; j'ai voulu autrement que vous,
j'ai trop aimé mon pauvre Gratien. C'était bien naturel,
puisqu'il était le plus affligé de mes enfants; j'ai pensé
qu'il n'y avait que Denise qui pût le reconsoler dans sa
triste vie. Elle m'a obéi par sacrifice, la bonne fille; elle
m'a dit : Ma tante, j'épouserai celui que vous me direz,
puisque je vous dois tout, et que vous êtes comme ma
mère. Je t'ai fait partir, pensant que toi, qui étais un fort
garçon et qui avais tes bras et tes yeux, tu trouverais assez d'autres fiancées pendant qu'il n'y en avait qu'une
pour l'aveugle, et qu'est-ce qui est arrivé? Le voilà, mon
garçon.

XII. — Le chagrin est entré par la porte de la maison
avant que tu l'eusses refermée, vois-tu? Denise a d'abord
fait une maladie qui a duré six mois et qui lui a enlevé
les bras, la force et les couleurs : elle était devenue pâle
comme les violettes à l'ombre sous les condriers.

L'aveugle ne pouvait pas s'en douter, puisqu'on ne le

lui disait pas, et il croyait le lendemain comme la veille.
Sa complaisance et sa douceur étaient toujours les mêmes,
et le son de sa voix avait pris quelque chose de plus tendre qu'autrefois. On aurait dit le son d'une cloche fêlée
par le marteau. Il croyait que c'était un signe de son amitié
augmentée pour lui, le pauvre innocent! Il attendait im-
patiemment le moment où je lui dirais « Tu peux parler à
Denise. »

XIII. — A la fin, je le lui dis. Denise consentit sans
murmure à ce que je lui commandai. Elle n'avait rien
contre Gratien, au contraire, elle l'aimait comme un frère
malheureux.

Elle se consacrait à son cœur toute la vie, comme le
chien que nous lui avions donné quand il était enfant
s'était attaché à ses jambes, qu'il ne voulait plus quitter.
Je les fiançai un an après ton départ, et ils ne tardèrent
que jusqu'après la Saint-Jean à se marier. Cela ne fit ni
bruit, ni joie, ni changement dans la maison, pas plus
que s'il y était entré une nouvelle servante. Gratien était
bien heureux, et Denise ne montrait point sa pensée. Seulement si ton sac venait à tomber du clou à terre, ou si
quelque parent passant par les *huttes* demandait de tes
nouvelles et disait ton nom, elle s'en allait appeler ses
poules ou balayer le palier de l'escalier. Mais jamais un
mot plus haut que l'autre entre nous trois.

XIV. — Trois ans passèrent comme ça, et Denise eut d'abord sa fille, puis son garçon. Il semblait que ça devait mettre du bonheur de plus à la maison. Eh bien, non, ça ne fut pas comme je croyais.

Voilà qu'un soir qu'on parlait de toi dans le pays, un garçon de Saint-Point revenant de l'armée passa aux *huttes*, rencontra l'aveugle sur le pas de la porte, et lui dit : Je reviens de Toulon sur mer; ton frère Claude travaille au chantier du fort, mais il ne travaillera pas longtemps, le malheureux : ses camarades disent qu'il a le chagrin au cœur, qu'il ne veut ni se divertir, ni boire, ni rire avec eux, qu'il est plus sec que son marteau et plus maigre que sa scie, et qu'il ne passera pas l'hiver en vie. Il vient de partir. On ne sait pas pour quel autre chantier. Je n'ai pas pu le trouver pour lui demander ses commissions pour le pays.

Ce pauvre soldat ne savait pas le mal qu'il faisait. Ça fut le coup de la mort pour l'aveugle. Denise, qui était dans le fond de la maison à donner le sein à sa petite, avait tout entendu aussi; elle ne fit semblant de rien, mais ça lui tourna son lait tellement que nous fûmes obligés de faire nourrir la petite par une de nos chèvres.

Quant à l'aveugle, il jeta un cri et se battit le front avec les deux mains comme s'il avait vu, pour la première fois, un éclair du bon Dieu. Ah! j'ai tué mon frère! qu'il me dit le soir tout bas en rentrant; c'est mon bonheur qui lui coûte le sien, je ne puis plus vivre!

XV.—Depuis ce jour il n'eut plus un moment de paix; Denise elle-même n'en pouvait obtenir un mot de consolation. Sa voix même, autrefois si nécessaire à son oreille, semblait lui faire mal. Il ne dormait plus, il ne mangeait plus de bon cœur, il ne voulait plus que les enfants ni Denise restassent auprès de lui dans la cour ou dans la maison. Il alla coucher tout seul avec les moutons dans l'écurie. Il ne voulait pas même de moi pour le consoler. Il me disait: C'est vous qui les avez sacrifiés pour mon bonheur, vous avez eu tort, et moi j'ai été un Caïn! Que le bon Dieu nous pardonne à tous et qu'il me prenne vite! Je veux aller là-haut demander pardon à mon frère! Je fis venir le médecin; le médecin me dit : Cet homme n'a point de mal, c'est le moral; il faut s'en rapporter au temps, et lui complaire en tout, pauvre femme!

Au bout de six mois, il mourut sans maladie en te demandant pardon, comme si tu avais été là, devant son lit et en disant : Denise, Denise, ne me reproche pas dans l'éternité de t'avoir aimée à la place d'un autre! J'ai volé le bonheur d'un autre et ton cœur! Je suis content de mourir pour punition de mon malheur! et tant d'autres choses comme celle-là, mon pauvre Claude.

Denise, les enfants et moi nous le pleurâmes pourtant bien! il était si bon! c'est sa bonté qui l'avait tué.

XVI. — Il y a de cela près de deux ans, mon pauvre enfant. Depuis ce moment, le temps a été dur pour nous, vois-tu! Le mal me prit avec les remords de ton malheur, de celui de Denise et avec le chagrin de la mort de son frère. Mes bras perdirent leur force comme mon cœur; mes jambes ne me supportaient plus pour aller aux champs; à peine mon *orne* commencé, il fallait m'appuyer sur le manche de mon râteau. Je n'étais plus bonne qu'à filer ma quenouille assise sur le buisson en gardant les bêtes.

La Denise, assez occupée à ses deux petits déjà, était donc obligée de se lever avant le jour et de se coucher après minuit pour tout faire, les orges, les foins, les châtaignes, piocher, sarcler, moissonner, rapporter les gerbes, égrainer les épis, battre les châtaigniers, enfin tout. Elle n'y pouvait pas suffire, la pauvre enfant, et le pain commençait à devenir rare sur la nappe. J'ai été forcée de m'aliter il y a trois semaines. Il a fallu que les bêtes se gardent toutes seules avec le chien. Denise passe les jours à mon chevet pour me soigner. La misère était à la porte aussi bien que le chagrin et la mort, quand le bon Dieu t'a envoyé. Qu'il te bénisse comme je te bénis, mon pauvre Claude! Peut-être il y aura du remède à tout, si tu peux rester avec nous maintenant, devenir l'ouvrier de ta mère, le père des petits, et qui sait, ajouta-t-elle en pleurant, une seconde fois le fiancé de Denise?

—Ah! que oui, répondis-je, ma mère! si Denise ne me méprise pas, à présent qu'elle m'a vu sous ces habits de mendiant, je resterai, je ne m'en irai plus jamais; j'aime-

rai ces petits comme les fils de mon frère et comme les
miens; j'aimerai Denise comme je l'ai aimée toujours et
comme elle consentira que je l'aime.

Chapitre Treizième.

I. — Ça fut dit, et je repartis pour aller acheter à Mâcon une veste et du linge de ma condition, à la place des
haillons de l'idiot.

A mon retour, le lendemain, ma mère avait tout dit à
Denise. Elle me fit bonne grâce en rentrant et me trempa la
soupe au bout de la table à l'endroit où elle me la trem-
pait, quand elle était fille et que j'étais son fiancé. Je
prenais le petit et la petite sur mes genoux, et je les em-
brassais bien fort, afin qu'elle comprît que c'était pour
elle que je les aimais tant. C'est qu'en effet la petite lui
ressemblait, monsieur, et qu'en l'embrassant, il me semblait en embrasser deux.

Mais nous ne nous parlions pas, parce que ma mère disait
qu'il fallait avant une permission du maire et une dispense
du curé pour se marier entre beau-frère et belle-sœur.

C'est alors que je descendis au château, monsieur, et
que votre mère, qui était si serviable et si aimée dans
toute la montagne, me reçut gracieusement et me fit avoir
les papiers. Je vous vis bien alors tout jeune dans le jar-

din avec vos sœurs. Je ne savais pas que vous viendriez un jour, si souvent, sur ces roches, vous entretenir avec un pauvre homme comme moi.

II. — Quand j'eus les papiers, monsieur, alors nous nous parlâmes comme nous nous étions parlé autrefois sous les noisetiers et le long des buissons. Seulement les enfants cueillaient des coquelicots ou dénichaient des nids de rossignols autour de nous, en revenant à chaque instant les montrer à moi et à leur mère. Denise souriait en pleurant et pleurait en souriant, comme une nuée d'avril. Elle était encore plus jolie qu'à dix-huit ans, depuis qu'elle dormait toute sa nuit, que le pain et le laitage abondaient sur la table, grâce à mon économie, et qu'elle me sentait là, à côté d'elle, sans que personne pût jamais y trouver à redire et nous séparer. Je lui avais acheté des habits de laine bleue, galonnés de rouge, avec des tabliers de coton rayé et des souliérs à boucles de laiton, aussi luisants que son crucifix. Ses joues étaient devenues roses comme des pommes d'oiseau. Elle courait sur la pente des prés après sa petite aussi légère que si elle avait été sa sœur. Étions-nous jeunes! Étions-nous fous! Étions-nous heureux, monsieur! Le jour approchait où nous devions descendre avec toute la famille pour nous marier au village. Ma mère en avait rajeuni elle-même, et commençait à revoir le soleil dans la cour. Ces neuf ans n'étaient rien qu'un mauvais rêve qui semblait n'avoir duré qu'une nuit.

III. — En attendant, j'avais repris mon état pour remettre un peu d'aisance dans la maison et pour acheter
le cabinet et le linge qui fait dans le pays le mobilier des
nouveaux mariés. Comme j'avais été si longtemps absent
de la vallée de Saint-Point, et que les autres tailleurs de
pierres ne travaillaient pas à si bon marché pour le pauvre monde, le pauvre monde des hameaux de la montagne avait bien de l'ouvrage à me commander. Celui-ci
avait marié sa fille, et il voulait bâtir une chambre de
plus pour son gendre; celui-là avait vu s'écrouler sa
grange, son évier ou son pigeonnier. Les femmes me
demandaient des mortiers à sel, les hommes des meules,
les bergers des auges pour leurs portes. Je gagnais, en
gagnant petit, plus qu'il ne fallait pour fonder notre ménage. J'avais déblayé ma vieille carrière, entre les *huttes*
et la vallée, de tous les gravois que les éboulements et les
pluies y avaient accumulés depuis neuf ans, et de toutes
les ronces qui avaient poussé à travers. J'avais fait sous
les beaux sapins où Denise venait autrefois m'apporter ma
mérende, un découvert en voûte creux comme une caverne, d'où je tirais des blocs épais, carrés, sains et jaunes
comme du beurre, qui auraient suffi à construire un pi-
lier de cathédrale. J'avais retrouvé mes bras de dix-huit
ans. A chaque coup de pique, je me disais en voyant
tomber ma sueur en gouttes de pluie sur la pierre : C'est
pour elle! Et je me sentais plus vigoureux le soir que le

matin. Ah! c'est un bon repos que l'amour tranquille dans le cœur!

Et à la maison tout le monde était gai, jusqu'aux petits.

IV. — Ma mère avait fait des beignets et des gaufres de sarrasin pour le jour de la noce, qui était le mardi de la Saint-Jean d'été. Elle avait invité les parents, garçons et filles, qui étaient au village ou répandus, ici et là, dans les hameaux. Il y en avait une douzaine petits ou grands, tant fils et filles du coquetier que d'autres. Les tailleuses étaient venues faire la robe et la coiffe de noces à Denise, et elles lui essayaient tout le jour tantôt ceci, tantôt cela. Vous auriez entendu jaboter et rire dans la maison du matin au soir.

V. — Moi, monsieur, je riais un moment avec eux et puis je redescendais travailler, mais sans tenir longtemps au travail depuis les derniers jours. Mon cœur était trop avec Denise. Pourtant j'avais préparé aussi une surprise à la noce et un bouquet, comme on dit, au feu d'artifice de la Saint-Jean qu'on a coutume d'allumer sur nos montagnes la veille de cette fête, et un coup de boîte plus fort que ceux qu'on tire chez nous aux noces en signe de réjouissance. Je travaillais secrètement depuis huit jours à creuser une mine comme j'en avais vu creuser dans les rochers de Toulon, capable de faire sauter toute la voûte sous les sapins de ma carrière, et de me donner sans peine des matériaux pour tailler pendant plus de six mois.

Je n'en avais rien dit à personne, pas même à Denise, pour que ça partît à la fin du repas des noces, et que chacun à une lieue de là, sur les montagnes et dans la vallée dît en l'entendant éclater : Voilà le coup de noce du tailleur de pierres. Je l'avais rempli d'un demi-quintal de poudre bien bourrée avec de la pierre de sciure par-dessus. De peur de malheur, j'y avais attaché une mèche qui brûlait lentement et que j'avais recouverte de gravois, de poussière et d'herbe sèche pour que les pieds des bêtes ne la dérangeassent pas. Il n'y avait que moi qui connusse la touffe d'orties où le bout de la mèche était enroulé en sortant de terre près de la carrière, au bord du chemin.

VI. — Le matin de la veille des noces, j'allai encore à la carrière pour ne pas me casser les bras, comme on dit; je donnai quelques coups de pic et de levier dans mes pierres, je visitai ma mèche, je préparai mon amadou avec une traînée de poudre arrivant jusqu'au chemin, et je me dis en remontant : Tu battras le briquet, la poudre prendra feu, l'amadou s'allumera, il communiquera lentement le feu à la mèche; tu auras le temps, sans te presser, de remonter jusqu'aux *huttes*, tu prendras un verre pour boire à la santé des parents, en embrassant Denise, et le coup partira. C'était mon idée, monsieur.

VII. — Cela fait, je descendis, tout courant, au village de Saint-Point pour acheter six bouteilles de vin blanc, afin de faire boire le lendemain à la noce. Je m'amusai un peu avec l'un, avec l'autre, avec le cabaretier, avec le sonneur, avec le curé et sa servante. Chacun m'arrêtait, me faisait compliment sur le bonheur que j'avais d'épouser une si brave et si belle veuve; car elle était bien aimée et connue, quoiqu'on ne la vît que par hasard à l'église, aux grandes fêtes, et jamais aux danses. On l'appelait, comme je vous ai dit, la *sauvage* des *huttes;* mais on ne l'estimait que plus. On m'offrait un verre de vin partout, je ne pouvais pas refuser, sans être malhonnête; je bus quelques coups de trop. La preuve, c'est que moi qui ne faisais que siffler en travaillant dans mon chantier, je remontai aux *huttes* qu'il était déjà quasi nuit, et en chantant si haut, que ma voix faisait sauver les oiseaux déjà couchés dans les buissons et sur les arbres.

VIII. — Je ne pensais qu'à mon bonheur d'être le lendemain le compère de Denise, et de redescendre là, avec elle, qui aurait un gros bouquet à sa gorgère, et un autre d'œillets rouges sur sa coiffe. Je la voyais d'avance à mon bras, avec ses beaux souliers aux pieds ou à la main, de peur de les déchirer sur les cailloux. J'avais tout à fait oublié que c'était aussi la veille de la Saint-Jean, le soir où l'on promène des torches de paille enflammée et des mâts de sapin allumés sur les montagnes.

En approchant de mon chantier dans l'ombre, j'entendis quelques bruits dans les feuilles, et comme un chuchotement de voix de femmes et d'enfants de l'autre côté de la carrière, tout en haut, sous le grand sapin. Je m'arrêtai et je me dis : Ce sera Denise, les tailleuses et les enfants qui seront venus à ma rencontre, par surprise et par badinage, ne me voyant pas remonter si tard. Et ce n'était que trop vrai. Car au moment où je pensais cela, j'entendis la voix claire et tremblante de Denise qui me *huchait* de toute sa force, tout en riant, d'un bord de la carrière à l'autre. Les enfants *huchèrent* de leur jolie petite voix comme elle, en criant gaiement :

—Claude! Claude! à travers les bois.

Je répondis en *huchant* aussi pour que ma voix montât bien fort vers eux, qui étaient en haut et moi en bas : Denise, Denise! c'est toi! C'est moi! Et je fis quelques pas en courant pour aller les embrasser en contournant les bords escarpés de ma carrière.

Mais, à ce moment, monsieur, une grande lueur m'entra tout à coup dans les yeux, et une douzaine de voix de garçons, de jeunes filles et d'enfants se mirent à *hucher* aussi du côté opposé à l'élévation où j'avais entendu Denise. C'étaient les garçons, les filles et les enfants de la noce du lendemain qui étaient venus, pour me faire fête et surprise, passer la nuit aux *huttes* et promener en signe de réjonissance leurs torches de paille et leurs mâts de sapin allumés autour de Denise et de moi. Ils venaient d'y mettre le feu en m'entendant répondre à Denise, et ils s'avançaient en poussant des cris de joie et en secouant leurs flammes et leurs étincelles au-dessus de leurs têtes dans la nuit.

IX. — A la réverbération de ces torches enflammées, je vis clairement Denise au sommet de la carrière, droit sur la voûte en face de moi. Son garçon la tenait par la main, et sa petite fille était pendue à son cou, assise sur son bras, comme on représente la Sainte Vierge portant l'enfant Jésus. Elle regardait vers moi avec un visage de bonheur et d'amour, tout illuminé en rouge par le feu des *Bordes*. Je lui tendis les bras, puis tout à coup je poussai un grand cri, et je lui fis signe de se sauver de là où elle était.

Ma pensée venait de me frapper comme un coup de marteau dans la tête. Les garçons et les jeunes filles s'approchaient d'abord du chemin où j'avais semé mon amorce sur mon amadou le matin. Une étincelle emportée par le vent suffisait pour allumer la mèche et pour faire sauter le rocher sur la caverne où était Denise!

Hélas! monsieur, je pensai trop tard. Je n'avais pas eu le temps de décoller ma langue de mon palais et d'étendre la main vers Denise qu'un coup de tonnerre souterrain éclata sous ses pieds, et que je la vis lancée avec ses deux petits enfants encore à son cou à la hauteur de la tête du sapin et retomber au-dessus d'un nuage de fumée comme une sainte descendant du ciel, s'engloutir avec eux dans la voûte qui venait de s'entr'ouvrir et de se refermer avec le bruit de l'écroulement du monde sur elle!... Grand Dieu! que ne se referma-t-il du même coup sur moi! . . . .

. . . .

Je ne pus retenir un cri d'horreur et une larme de pitié. . . . .

X. — Je vis que le pauvre homme ne pouvait plus poursuivre. J'eus compassion de son déchirement. Je me hâtai de l'entraîner vers un autre site et de détourner sa pensée de cet horrible dénoûment de son amour, remettant à un autre jour les détails de l'événement dont on s'entretenait encore dans toutes nos montagnes. Il me comprit, il se leva tremblant, pleurant et priant. C'était la volonté de Dieu, monsieur; il s'inclina comme sous la main divine qu'il aurait sentie sur sa tête.

Nous reprîmes tous deux en silence le chemin de la vallée. En passant au bord de la carrière abandonnée, il détourna la tête. J'aperçus une croix de pierre contre un vieux tronc de sapin que je n'avais pas encore remarquée, au-dessus d'un large éboulement. C'était sans doute la place où il avait vu, après l'explosion, Denise soulevée vers le ciel comme une sainte au-dessus du nuage.

Il m'accompagna cette fois jusqu'au bord des prés. Je

semblais lui être devenu plus cher depuis que j'avais pleuré Denise avec lui.

Chapitre Quatorzième.

I. — Quand je le revis le dimanche suivant : Hélas! monsieur, me dit-il, que venez-vous chercher? je n'ai plus rien à vous dire. Denise fut retrouvée morte, avec ses deux enfants, par les pionniers, dans les débris de la caverne. Le médecin dit qu'ils étaient déjà morts asphyxiés et foudroyés par la fumée et le feu de la mine avant de retomber dans le sépulcre que je leur avais creusé.

On les rapporta là, à la place où vous êtes, à côté de ma mère, qui n'avait pas pu survivre un seul jour à notre malheur. Si vous dépliiez cette couverture de gazon sur ce lit de terre, vous reverriez toute une famille.

Ils me gardent la place, comme vous voyez, monsieur : voilà mon lit de noces à côté de Denise.

Je vis un vide entre deux tombeaux.

— Et vous vivez là, lui dis-je avec pitié, toujours face à face avec votre amour évanoui?

— Je ne pourrais plus vivre ailleurs, me dit-il; mon cœur y a pris racine comme ce buis qui puise sa séve dans la mort.

— Et ne murmurez-vous donc jamais en vous-même,

Claude, contre cette Providence qui vous a montré le bonheur de si près deux fois pour vous le ravir lorsque vous croyiez le tenir dans vos bras?

— Moi, murmurer contre le bon Dieu, monsieur! s'écria-t-il. Oh! non. Il sait ce qu'il fait, et nous, nous ne savons que ce que nous souffrons. Mais je me suis toujours imaginé que les souffrances c'était le désir du cœur de l'homme écrasé dans son cœur jusqu'à ce qu'il en sortît la résignation, c'est-à-dire la prière parfaite, la volonté humaine pliée sous la main d'en haut.

— Mais ce désir, plié sous la main d'en haut, ne se redressera-t-il jamais, Claude, comme le ressort comprimé quand on enlève le poids qui le courbe?

—Oui, monsieur, mais s'il se redresse dans ce monde, c'est la révolte, et s'il se redresse là-haut, c'est le paradis.

— Et qu'est-ce que le paradis, selon vous, Claude?

— C'est la volonté de Dieu dans le ciel comme sur la terre, monsieur.

— Mais, si cette volonté se trouvait contraire à la vôtre là-haut encore, et vous séparait de nouveau de ce que vous aimez?

— Eh bien! j'attendrais encore, oui, monsieur, j'attendrais une éternité sans murmurer jusqu'à ce que le bon Dieu me dît : Voilà ce que tu cherches.

— Vous croyez donc fermement retrouver Denise?

— Oui, monsieur.

— Et quand?

— Quand il plaira à Dieu.

— En attendant, souffrez-vous?

— Je ne souffre plus, monsieur, j'aime et j'espère.

— Et vous croyez, n'est-ce pas, aussi?

—Non, monsieur, je n'ai pas la peine de croire. Je vis de deux amours; l'amour, n'est-ce pas la foi! J'en ai pour deux.

— Ainsi vous n'êtes pas trop malheureux?

— Pas du tout, monsieur : Dieu m'a fait la grâce de le voir partout, même dans mes peines. Peut-on être malheureux dans la compagnie du bon Dieu!

II. — Je revins encore souvent pendant le même été visiter Claude et m'entretenir avec lui de choses et d'autres, mais surtout des choses d'en haut. Je trouvais toujours le même goût à sa simplicité et à l'onction de ses paroles. Il était pour moi comme un de ces troncs d'arbre où les mouches à miel ont laissé un rayon sous la rude écorce, et qu'on va sucer avec délices quand on le découvre, après une longue marche au soleil, au bord d'un bois.

Je passai quelque temps sans revenir à Saint-Point. J'y revins en 18..., je montai aux *huttes*, je n'y trouvai qu'un chevreau sauvage qui broutait l'herbe poussée sur le seuil de la cabane vide et abandonnée. Un monticule de plus s'élevait dans l'enclos à côté de celui où dormait Denise.

Je rencontrai en redescendant un des fils du coquetier, qui allait ramasser des prunes tombées sous le vent dans le verger des *huttes* pour en remplir les paniers de son âne.

— Claude est donc mort? lui dis-je.

— Oui, monsieur, il y a deux ans à la Saint-Martin, me répondit ce pauvre boiteux.

— Et de quoi est-il mort?

— Oh! il est mort de l'amour de Dieu, à ce que dit M. le curé.

— Comment, de l'amour de Dieu, Benoît? On en vit, mais on n'en meurt pas, lui dis-je; c'est peut-être aussi de l'amour de Denise?

— Ah! monsieur, voilà! Il aimait tant le bon Dieu, celui-là, qu'il ne pensait plus à lui, pas plus qu'une hirondelle qui vient de sortir de la coquille, et qui ne saurait pas manger, si sa mère ne lui apportait pas un moucheron dans le nid. Il n'avait rien ramassé pour les années de maladie, il travaillait pour l'amour de Dieu dans tous les hameaux. Il disait seulement à ceux dont il avait fait l'ouvrage : Si je viens à devenir infirme ou malade, vous me nourrirez, n'est-ce pas?

Et, en effet, monsieur, il eut la jambe cassée et l'épaule démise en relevant le toit de la cabane de la veuve Baptistine qui s'était éboulée la nuit sur elle et ses enfants, et en leur sauvant la vie, il perdit la sienne.

— Mais tout le monde eut bien soin de lui, n'est-ce pas,

dans sa dernière maladie, car on est bien charitable dans
le pays, surtout quand il ne faut pas débourser un pauvre
liard?

— Oh! oui, monsieur, on le reporta sur un brancard
dans sa cabane, et un jour l'un, un jour l'autre, on y
montait pour lui porter son pain et pour le retourner sur sa
paille. Il n'aurait manqué de rien, s'il avait voulu. Mais
il avait si peur de faire tort au monde et de prendre quelque chose qui ne lui était pas dû, qu'il ne recevait absolument que son morceau de pain juste pour lui et pour
son chien. Et quand on voulait lui faire accepter autre
chose, comme un peu de viande ou un peu de bouillon
pour le soutenir, ou une goutte de vin pour l'égayer, il
disait : Non, je n'ai pas gagné cela de vous, je n'en veux
pas, je ferais tort à vos enfants. Enfin il n'y avait ni raisons ni prières qui fissent, il fallait tout remporter.

Un jour qu'il paraissait plus faible que de coutume,
nous y allâmes, ma femme et moi, et nous lui portâmes
une écuelle de bouillon de poulet que nous avions tué pour
lui, et je lui dis : Prends, Claude. Nous avons tué notre
nourrin et nous en avons fait la soupe. — Oh! que non,
nous dit-il en regardant l'écuelle, ce n'est pas là du bouillon de *nourrin*, vous avez tué une poule pour me régaler;
mais je ne prendrai pas votre bien, parce que je ne pourrais jamais vous le rendre.

Nous eûmes beau dire, monsieur, rien n'y fit; il ne
voulut pas boire le bouillon qui l'aura fortifié. Il n'accepta

que du pain; ma femme laissa l'écuelle sur la planche de son lit, et nous nous en allâmes. Le lendemain, quand je revins pour lui tenir compagnie le dimanche, l'écuelle pleine était encore où nous l'avions laissée, et lui, monsieur, il était mort de faiblesse avec son chien noir sur ses pieds. Ah! celui-là était bien un saint du bon Dieu, allez! »

III. — Maintenant, quand l'automne me ramène à Saint-Point, je remonte une fois aux *huttes* au moment où les feuilles des châtaigniers tombent. La tombe du pauvre Claude m'inspire la prière, la résignation et la paix. J'aime à m'y asseoir au coucher du soleil, à penser à Denise et à lui réunis sous les rayons du soleil qui ne se couche plus.

IV. — Et cet homme me manque dans la vallée. La petite lampe que je voyais de ma fenêtre luire la nuit à travers les brumes de la montagne est comme une étoile qui se serait éteinte dans ce pan du ciel, ou comme un ver luisant qu'on a l'habitude de voir éclairer l'herbe sous le buisson, et qui, tout à coup, s'obscurcit sous les pieds. Ce n'était qu'un ver de terre, mais ce ver de terre contenait une parcelle du feu des soleils. Ainsi était le pauvre Claude.

Quelquefois, au milieu des champs, quand tout fait silence dans la vallée sous la brûlante atmosphère du midi, un jour d'été, j'écoute involontairement, l'oreille inclinée du côté de la montagne, et je crois entendre son marteau régulier et lointain tomber et retomber sur la pierre sonore comme un balancier rustique du cadran de l'éternité.

FIN.

LE

MÉDECIN DU VILLAGE.

— Mon Dieu! qu'est ceci? s'écrièrent à la fois plusieurs personnes qui se trouvaient réunies dans la salle à manger du château de Burcy.

La comtesse de Moncar venait d'hériter, par la mort d'un oncle fort éloigné et fort peu pleuré, d'un vieux château qu'elle ne connaissait pas, quoiqu'il fût à peine à quinze lieues de la terre qu'elle habitait l'été. Madame de Moncar, une des plus élégantes et presque une des plus jolies femmes de Paris, aimait médiocrement la campagne. Quittant Paris à la fin de juin, y revenant au commencement d'octobre, elle entretenait chez elle, dans le Morvan, quelques-unes des compagnes de ses plaisirs de l'hiver, et quelques jeunes gens choisis parmi ses danseurs les plus assidus. Madame de Moncar était mariée à un homme beaucoup plus âgé qu'elle, et qui ne la protégeait pas toujours par sa présence. Sans trop abuser de sa grande liberté, elle était gracieusement coquette, élégamment futile, heureuse de peu de chose, d'un compliment, d'un mot aimable, d'un succès d'une heure, aimant le bal pour le plaisir de se faire jolie, aimant l'amour qu'elle inspirait pour voir ramasser la fleur qui s'échappait de son bouquet; et lorsque quelques grands parents lui faisaient une docte remontrance :

— Mon Dieu, disait-elle, laissez-moi rire et prendre gaiement la vie! cela est moins dangereux que de rester dans la solitude à écouter les battements de son cœur! Moi, je ne sais seulement pas si j'ai un cœur.

Le fait est que la comtesse de Moncar ne savait à quoi s'en tenir à cet égard. L'important pour elle était que ce point restât douteux toute sa vie, et elle trouvait prudent de ne pas se laisser le temps de réfléchir.

Un matin donc, elle et ses hôtes, par une belle matinée de septembre, se mirent en route pour le château inconnu avec l'intention d'y passer une journée. Un chemin de traverse, que l'on disait praticable, devait réduire à douze lieues le voyage que l'on entreprenait. Le chemin de traverse fut affreux : on s'égara dans les bois, une voiture se cassa; enfin ce ne fut que vers le milieu du jour que les voyageurs, fatigués et peu émerveillés des beautés pittoresques de la route, arrivèrent au château de Burcy, dont l'aspect ne devait guère consoler des ennuis du voyage.

C'était un grand bâtiment aux murs noircis. Devant le perron, un jardin potager, en ce moment sans culture, descendait de terrasse en terrasse, car le château, adossé aux flancs d'une colline boisée, n'avait aucun terrain plat autour de lui; des montagnes l'écrasaient de tous côtés; elles étaient rocailleuses, et les arbres, poussant au milieu des rochers, avaient une verdure sombre qui attristait les regards. L'abandon ajoutait au désordre de cette nature sauvage. Madame de Moncar resta interdite sur le seuil de son vieux château!

— Voilà qui ne ressemble guère à une partie de plaisir, dit-elle, et il me prend envie de pleurer à l'aspect de ce lugubre lieu. Cependant voici de beaux arbres, de grands rochers, un torrent qui gronde : il y a peut-être là une certaine beauté; mais tout cela est plus sérieux que moi, dit-elle en souriant. Entrons et examinons l'intérieur.

— Oui, voyons si le cuisinier, parti hier en avant-garde, est arrivé plus heureusement que nous, répondirent les convives affamés.

Bientôt on acquit l'heureuse certitude qu'un abondant déjeuner serait rapidement servi, et l'on se mit, en attendant, à parcourir le château. Les vieux meubles couverts .

de toiles usées, les fauteuils qui n'avaient plus que trois
pieds, les tables qui branlaient, les sons discordants d'un
piano oublié là depuis vingt ans, fournirent mille sujets
de plaisanteries. La gaieté reparut. Au lieu de souffrir
des inconvénients de cet inconfortable séjour, il fut décidé
que l'on rirait de tout. D'ailleurs, pour ce monde jeune
et oisif, cette journée était un événement, une campagne
presque périlleuse, dont l'originalité commençait à parler
à l'imagination. On avait brûlé un fagot dans la grande
cheminée du salon; mais, des bouffées de fumée s'étant
fait jour de toutes parts, chacun s'enfuit dans le jardin.
L'aspect en était bizarre; les bancs de pierre étaient couverts de mousse; les murs des terrasses, souvent éboulés,
avaient laissé croître entre les pierres mal jointes mille
plantes sauvages, tantôt s'élançant droites et hautes, tantôt tombant à terre comme des lianes flexibles; les allées avaient disparu sous le gazon; les parterres, réservés
aux fleurs cultivées, avaient été envahis par les fleurs
sauvages, qui poussent partout où le ciel laisse tomber
une goutte d'eau et un rayon de soleil; le liseron blanc
entourait et étouffait le rosier des quatre saisons, le mû-
rier sauvage se mêlait au fruit rouge des groseilles; la
fougère, la menthe aux doux parfums, les chardons à la
tête hérissée de dards, croissaient à côté de quelques lis
oubliés. Au moment où les voyageurs entrèrent dans
l'enclos, mille petites bêtes, effrayées de ce bruit inaccou-
tumé, s'enfuirent sous l'herbe, et les oiseaux quittèrent

leurs nids en volant de branche en branche. Le silence,
qui avait tant d'années régné dans ce paisible lieu, fit
place au bruit des voix et à de joyeux éclats de rire. Nul
ne comprit cette solitude; nul ne se recueillit devant elle.
Elle fut troublée, profanée sans respect. On se fit de nombreux récits des différents épisodes des plus jolies soirées
de l'hiver, récits entremêlés d'aimables allusions, de regards expressifs, de compliments cachés, enfin de ces
mille riens qui accompagnent les conversations de ceux
qui cherchent à se plaire, n'ayant pas encore le droit
d'être sérieux.

Le maître d'hôtel, après avoir vainement erré le long
des murailles du château pour trouver une cloche qui pût
retentir au loin, se décida enfin à crier du haut du perron
que le déjeuner était servi. Le demi-sourire qui accom-
pagnait ces paroles prouvait qu'il se résignait, comme ses
maîtres, à prendre le parti de manquer ce jour-là à toutes
ses habitudes d'étiquette et de convenance. On se mit
gaiement à table. On oublia le vieux château, le désert où
il se trouvait, la tristesse qui y régnait; tout le monde
parla à la fois, et l'on but à la santé de la châtelaine, ou
plutôt de la fée dont la seule présence faisait de cette
masure un palais enchanté. Tout à coup tous les yeux se
tournèrent vers les croisées de la salle à manger.

— Qu'est ceci? s'écria-t-on.

Devant les fenêtres du château, on voyait passer et
s'arrêter une petite carriole d'osier peinte en vert, avec

de grandes roues aussi hautes que le corps même de la voiture; elle était attelée à un cheval gris, court, dont les yeux semblaient être menacés par les brancards qui, du cabriolet, allaient toujours en s'élevant vers le ciel. La capote avancée de la petite carriole ne laissait voir que deux bras couverts des manches d'une blouse bleue, et un fouet qui chatouillait les oreilles du cheval gris.

— Mon Dieu! mesdames, s'écria madame de Moncar, j'ai oublié de vous prévenir que j'avais été absolument forcée de prier à notre déjeuner le médecin du village, un vieillard qui jadis a rendu des services à la famille de mon oncle, et que j'ai entrevu une ou deux fois! ne vous effrayez pas de cet hôte, il est fort taciturne. Après quelques mots de politesse, nous ferons comme s'il n'était pas là; d'ailleurs, je n'imagine pas qu'il veuille beaucoup prolonger sa visite.

En ce moment, la porte de la salle à manger s'ouvrit, et l'on vit entrer le docteur Barnabé. C'était un petit vieillard bien faible, bien chétif, à la physionomie douce et calme. Ses cheveux blancs étaient attachés derrière sa tête et formaient une queue, selon la mode ancienne. Un œil de poudre couvrait ses tempes, ainsi que son front sillonné de rides. Il portait un habit noir et des culottes à boucles d'acier. Sur un de ses bras était placée une redingote ouatée en taffetas puce. L'autre main tenait une grande canne et un chapeau. L'ensemble de la toilette du médecin du village prouvait qu'il avait ce jour-là apporté beaucoup de soin à se parer; mais les bas noirs et l'habit du docteur étaient couverts de larges taches de boue, comme si le pauvre vieillard eût fait une chute au fond de quelque fossé. Il s'arrêta sur le seuil de la porte, étonné de se trouver en si nombreuse compagnie. Un peu d'embarras se peignit un instant sur sa physionomie; puis il se remit et salua sans parler. A cette entrée, étrange, les convives furent saisis d'une grande envie de rire, qu'ils réprimèrent plus ou moins bien. Madame de Monca seule, en maîtresse de maison qui ne veut pas faillir à la politesse, garda son sérieux.

— Mon Dieu! docteur, auriez-vous versé? demanda-t-elle.

Le docteur Barnabé, avant de répondre, regarda tout le jeune monde qui l'entourait, et, quelque simple et naïve que fût sa physionomie, il était impossible qu'il ne se rendît pas compte de l'hilarité causée par sa venue. Il répondit tranquillement :

— Je n'ai pas versé. Un pauvre charretier est tombé sous les roues de sa voiture; je passais, je l'ai relevé.

Et le docteur se dirigea vers celle des chaises restée vide autour de la table. Il prit sa serviette, la déploya, et passa une des extrémités dans la boutonnière de son habit, et étala le reste sur sa poitrine et sur ses genoux.

A ce début, de nombreux sourires errèrent sur les lèvres des convives; quelques chuchotements rompirent le si-

lence. Cette fois, le docteur ne leva pas les yeux, peut-
être ne vit-il rien.

— Y a-t-il beaucoup de malades dans le village? demanda madame de Moncar, tandis que l'on servait le
nouveau venu.

— Mais oui, madame, beaucoup.

— Le pays est-il donc malsain?

— Non, madame.

— Mais ces maladies, d'où viennent-elles?

— Du grand soleil pendant les moissons, du froid et
de l'humidité pendant l'hiver.

Un des convives, affectant un grand sérieux, se mêla
à la conversation.

— Alors, monsieur, dans ce pays sain, on est malade
toute l'année?

Le docteur leva ses petits yeux gris vers son interlo-
cuteur, le regarda, hésita et sembla retenir ou chercher une réponse. Madame de Moncar intervint avec
bonté.

— Je sais, dit-elle, que vous êtes ici la providence de
tout ce qui souffre.

— Oh! vous êtes trop bonne! répondit le vieillard.

Et il parut fort occupé d'une tranche de pâté qu'il venait de se servir.

Alors on laissa le docteur Barnabé livré à lui-même,
et la conversation reprit son cours.

Si les regards par hasard tombaient sur le paisible

vieillard, on glissait sur lui un léger sarcasme, qui, mêlé
à d'autres discours, devait, pensait-on, passer inaperçu de
celui qui en était l'objet. Ce n'était pas que ces jeunes
gens et ces jeunes femmes ne fussent habituellement polis,
et n'eussent de la bonté au fond du cœur; mais, ce jour-
là, le voyage, l'entrain du déjeuner, leur réunion, les rires
qui avaient commencé avec les événements de la journée,
tout cela avait amené une gaieté sans raison, une mo-
querie communicative, qui les rendaient sans merci pour
la victime que le hasard jetait sur leur chemin. Le
docteur parut manger tranquillement, sans lever les yeux,
sans prêter l'oreille, sans proférer une parole; on le tint
pour sourd et muet, et le déjeuner s'acheva sans con-
trainte.

Quand on sortit de table, le docteur Barnabé fit quelques
pas en arrière, laissant chaque homme choisir la femme
qu'il voulait reconduire au salon. Une des compagnes de
madame de Moncar, étant restée seule, le médecin du
village s'avança timidement, et lui offrit, non le bras,
mais la main. Les doigts de la jeune femme étaient à
peine effleurés par les doigts du docteur, qui, légèrement
incliné en signe de respect, s'avançait à pas comptés vers
le salon. De nouveaux sourires accueillirent cette entrée,
mais aucun nuage ne se montra sur le front du vieillard,
que l'on déclara aveugle aussi bien que sourd et muet.

M. Barnabé, s'étant séparé de sa compagne, chercha
la plus petite, la plus modeste des chaises du salon. Il la

poussa à l'écart, bien loin de tout le monde, s'y assit, plaça sa canne entre ses genoux, croisa ses mains sur la pomme de la canne, et vint appuyer son menton sur ses mains. Dans cette position méditative, il resta silencieux, et, de temps à autre, ses yeux se fermèrent, comme si un doux sommeil, qu'il n'appelait ni ne repoussait, eût été au moment de s'emparer de lui.

— Madame de Moncar, s'écria un des voyageurs, je pense que vous n'avez pas le projet d'habiter ces ruines et ce désert?

— Non, vraiment, ce n'est pas mon projet; mais voici des hautes futaies, des bois agrestes. M. de Moncar pourrait bien être tenté, au moment des chasses, de venir ici passer quelques mois d'automne.

— Mais alors il faut abattre, reconstruire, déblayer, arracher!

— Faisons un plan, s'écria la jeune comtesse; sortons, et traçons le jardin futur de mes domaines.

Il était dit que cette partie de plaisir tournerait à mal. En ce moment, un gros nuage creva, et laissa tomber une pluie fine et serrée. Impossible de quitter le salon.

— Mon Dieu! qu'allons-nous faire? reprit madame de Moncar; les chevaux ont besoin de plusieurs heures de repos. Il est évident qu'il pleuvra longtemps. Cette herbe qui pousse partout est mouillée à ne pouvoir laisser faire un pas d'ici à huit jours; toutes les cordes du piano sont cassées. Il n'y a pas un livre à dix lieues à la ronde. Ce salon est glacial et triste à mourir, qu'allons-nous devenir?

En effet, la bande, naguère joyeuse, perdait insensiblement sa gaieté. Les chuchotements et les rires étaient remplacés par le silence. On s'approchait des fenêtres; on regardait le ciel : ce ciel restait sombre et chargé de nuages. Tout espoir de promenade était désormais impossible. On s'assit, tant bien que mal, sur les vieux meubles. On essaya de ranimer la conversation; mais il est des pensées qui ont besoin, comme les fleurs, d'un peu de soleil, et qui restent éteintes quand le ciel est noir. Toutes ces jeunes têtes semblaient s'incliner, battues par l'orage, comme les peupliers du jardin, que, d'un regard oisif, on voyait ondoyer au gré du vent. Une heure s'écoula péniblement.

La châtelaine, un peu découragée du non-succès de sa partie de plaisir, languissamment appuyée sur le balcon d'une fenêtre, regardait vaguement ce qui se trouvait devant elle.

— Voilà, dit-elle, là-bas, sur le coteau, une petite maison blanche que je ferai abattre; elle cache la vue.

— La maison blanche! s'écria le docteur.

Il y avait plus d'une heure que le docteur Barnabé était immobile sur sa chaise. La joie, l'ennui, le soleil, la pluie, tout s'était succédé sans lui faire proférer une parole. On avait complétement oublié sa présence; aussi tous les regards se tournèrent-ils brusquement vers lui lorsqu'il fit entendre ces trois mots : La maison blanche!

— Quel intérêt portez-vous donc à cette maison, docteur? demanda la comtesse.

— Mon Dieu! madame, prenez que je n'aie rien dit. On l'abattra sans nul doute, puisque tel est votre bon plaisir.

— Mais pourquoi regrettez-vous cette vieille masure?

— C'est... mon Dieu, c'est qu'elle a été habitée par des personnes que j'aimais... et...

— Et qu'elles comptent y revenir, docteur?

— Elles sont mortes depuis longtemps, madame, mortes quand j'étais jeune.

Et le vieillard regarda avec tristesse la maison blanche, qui, sur le revers de la montagne, s'élevait, au milieu des bois, comme une marguerite au milieu de l'herbe.

Il y eut quelques instants de silence.

— Madame, dit un des voyageurs bas à l'oreille de madame de Moncar; madame, il y a ici quelque mystère. Voyez comme notre Esculape est devenu sombre. Un drame pathétique s'est passé là-bas; un amour de jeunesse peut-être. Demandez au docteur de nous faire ce récit.

— Oui! oui! murmura-t-on de toutes parts; le récit! une histoire! une histoire! Et si l'intérêt manque, nous aurons pour nous égayer l'éloquence de l'orateur.

— Non pas, messieurs! répondit à demi-voix madame

de Moncar; si je demande au docteur Barnabé de raconter l'histoire de la maison blanche, c'est à la condition que personne ne rira.

Chacun ayant promis d'être sérieux et poli, madame de Moncar s'approcha de M. Barnabé.

— Cher docteur, dit-elle, voyez quel mauvais temps! comme tout est triste! Vous êtes le plus âgé de nous tous, contez-nous une histoire! Faites-nous oublier la pluie, le brouillard et le froid.

M. Barnabé regarda la comtesse avec un grand étonnement.

— Il n'y a pas d'histoire, dit-il; ce qui s'est passé dans la maison blanche est bien simple et n'a d'intérêt que pour moi, qui aimais ces jeunes gens; des étrangers ne peuvent pas appeler cela une histoire. Et puis, je ne sais ni conter ni parler longuement, quand on m'écoute. D'ailleurs, ce que j'aurais à dire est triste, et vous êtes venus pour vous amuser

Le docteur appuya de nouveau son menton sur sa canne.

— Cher docteur, reprit la comtesse, la maison blanche restera là, si vous dites ce qui vous la fait aimer.

Le vieillard parut un peu ému; il croisa, décroisa ses jambes, chercha sa tabatière, la remit dans sa poche sans l'ouvrir, puis, regardant la comtesse :

— Vous ne l'abattrez pas! dit-il en montrant de sa main maigre et tremblante la demeure qu'on voyait à l'horizon.

— Je vous le promets.

— Eh bien! soit donc! je ferai cela pour eux; je sauverai cette maison où ils ont été heureux... Mesdames, reprit le vieillard, je ne sais pas bien parler; mais je pense que le moins savant en arrive toujours à se faire comprendre quand il dit ce qu'il a vu. Cette histoire, sachez-le d'avance, n'est pas gaie. On appelle un musicien pour chanter et pour danser; on appelle un médecin quand on souffre et qu'on est près de mourir.

Un cercle se forma autour du docteur Barnabé, qui, restant les mains croisées sur sa canne, commença tranquillement le récit suivant, au milieu de l'auditoire qui, tout bas, projetait de sourire de ses discours :

« C'était il y a bien longtemps, c'était quand j'étais jeune, car j'ai été jeune aussi. La jeunesse est une fortune qui appartient à tout le monde, aux riches comme aux pauvres, mais qui ne reste dans les mains de personne. Je venais de passer mes examens; j'étais reçu médecin, et, bien persuadé que, grâce à moi, les hommes allaient cesser de mourir, je revins dans mon village déployer mes grands talents.

» Mon village n'est pas loin d'ici. De la petite fenêtre de ma chambre, je voyais cette maison blanche du côté opposé à celui que vous regardez en ce moment. Mon village, à vos yeux, ne serait sûrement pas très-beau. Pour moi, il était superbe; j'y étais né, et je l'aimais. Chacun voit à sa façon les choses que l'on aime; on s'ar-

range pour continuer à les aimer. Dieu permet qu'on soit
de temps en temps un peu aveugle, car il sait bien que
voir toujours clair, dans ce bas monde, n'amène pas
grand profit. Ce pays donc me paraissait riant et animé :
j'y savais vivre heureux. La maison blanche seulement,
chaque fois qu'en me levant j'ouvrais mes volets, frappait
désagréablement mes regards : elle était toujours close,
sans bruit, et triste comme une chose abandonnée. Jamais
je n'avais vu ses fenêtres s'ouvrir et se fermer, sa porte
s'entre-bâiller, et les barrières du jardin livrer passage à
qui que ce fût. M. votre oncle, qui n'avait que faire
d'une chaumière à côté de son château, cherchait à la
louer; mais le prix était un peu élevé, et personne parmi
nous n'était assez riche.

» — Tant mieux! me dis-je, un bon toit comme celui-
là qui n'abrite personne, c'est du bien perdu!

» Je vis, de jour en jour, la maison changer d'aspect;
des caisses de fleurs vinrent cacher la nudité des murs.
Un parterre fut dessiné devant le perron; les allées, dé-
barrassées des mauvaises herbes, furent sablées, et de la
mousseline blanche comme la neige brillait au soleil,
quand il dardait sur les fenêtres. Un jour enfin, une voiture de poste traversa le village et vint s'arrêter dans l'enclos de la petite maison. Qui étaient ces étrangers? Nul ne
le savait; mais chacun, au village, désirait le savoir.
Pendant longtemps, rien ne se répandit au dehors de ce
qui se passait dans cette demeure; on voyait seulement

les rosiers fleurir et le gazon verdoyer. Que de commentaires on fit sur ce mystère! C'étaient des aventuriers qui se cachaient; c'étaient un jeune homme et sa maîtresse; enfin on devina tout, hors la vérité. La vérité est si simple, qu'on ne songe pas toujours à elle; une fois l'esprit en mouvement, il cherche à droite, à gauche, il ne pense pas à regarder tout droit devant lui. Moi, je m'agitai peu. N'importe qui est là, me disais-je, ce sont des hommes, donc ils ne seront pas longtemps sans souffrir, et l'on m'enverra chercher. J'attendis patiemment.

» En effet, un matin, on vint me dire que M. William Meredith me priait de me rendre chez lui. Je fis ma plus belle toilette d'alors, et, tâchant de me donner une gravité, analogue à mon état, je traversai tout le village, non sans me sentir un peu fier de mon importance. Je fis bien des envieux ce jour-là! On se mit sur le seuil des portes pour me voir passer. « Il va à la maison blanche, » se disait-on; et moi, sans me hâter, dédaignant en apparence une vulgaire curiosité, je marchais lentement, saluant mes voisins les paysans, en leur disant : « A revoir, mes amis, à revoir plus tard, ce matin j'ai affaire. » Et j'arrivai ainsi là-haut sur la colline.

» Lorsque j'entrai dans le salon de cette mystérieuse maison, je fus réjoui du spectacle qui frappa mes regards : tout était à la fois simple et élégant. Le plus bel ornement de cette pièce était des fleurs; elles étaient si artistement arrangées, que de l'or n'eût pas mieux paré l'inté-

rieur de cette demeure : de la mousseline blanche aux
fenêtres, de la percale blanche sur les fauteuils, c'était
tout; mais il y avait des roses, des jasmins, des fleurs
de toutes sortes, comme dans un jardin. Le jour était
adouci par les rideaux des fenêtres, l'air était rempli de
la bonne odeur des fleurs, et, blottie sur un sofa, une
jeune fille ou une jeune femme, blanche et fraîche comme
tout ce qui l'entourait, m'accueillit avec un sourire. Un
beau jeune homme, qui était assis sur un tabouret près
d'elle, se leva quand on eut annoncé le docteur Barnabé.

» — Monsieur, me dit-il avec un accent étranger très-
fortement marqué, ici on parle tant de votre science, que
je m'attendais à voir entrer un vieillard.

» — Monsieur, lui répondis-je, j'ai fait des études sérieuses; je suis pénétré de la responsabilité et de l'importance de mon état; vous pouvez avoir confiance en moi.

» — Eh bien! me dit-il, je recommande à vos soins ma
femme, dont la situation présente réclame quelques conseils et quelques précautions. Elle est née loin d'ici; elle a
quitté famille et amis pour me suivre. Moi, pour la soigner, je n'ai que mon affection, mais nulle expérience. Je
compte sur vous, monsieur; s'il est possible, préservez-la
de toutes souffrances.

» En disant ces mots, le jeune homme fixa sur sa femme
un regard si plein d'amour, que les grands yeux bleus de
l'étrangère brillèrent de larmes de reconnaissance. Elle
laissa tomber le petit bonnet qu'elle brodait, et ses deux
mains serrèrent la main de son mari.

» Je les regardais et j'aurais dû trouver que leur sort était digne d'envie; il n'en fut rien. Je me sentis triste : je n'aurais pu dire pourquoi. J'avais souvent vu pleurer des gens dont je disais : « Ils sont heureux! » Je voyais sourire William Meredith et sa femme, et je ne pus m'empêcher de penser qu'ils avaient des chagrins. Je m'assis auprès de ma charmante malade. Jamais je n'avais rien vu d'aussi joli que ce joli visage, entouré de longues boucles de cheveux blonds.

» — Quel âge avez-vous, madame?

» — Dix-sept ans.

» — Ce pays éloigné où vous êtes née a-t-il un climat bien différent du nôtre?

» — Je suis née en Amérique, à la Nouvelle-Orléans! Oh! le soleil est plus beau qu'ici!

» Elle craignit sans doute d'avoir exprimé un regret, car elle ajouta :

» —Mais tout pays est beau quand on est dans la maison de son mari, près de lui, et que l'on attend son enfant.

» Son regard chercha celui de William Meredith; puis dans une langue que je n'entendais pas, elle prononça quelques paroles si douces que ce devaient être des paroles d'amour.

» Après une courte visite, je me retirai en promettant de revenir.

» Je revins, et, au bout de deux mois, j'étais presque

un ami pour ce jeune ménage. M. et madame Meredith
n'avaient point un bonheur égoïste; ils avaient encore le
temps de penser aux autres. Ils comprirent que le pauvre
médecin de village, n'ayant d'autre société que celle des
paysans, regardait comme une heure bénie celle qu'il passait à entendre parler le langage du monde. Ils m'attirè-
rent à eux, me racontèrent leurs voyages, et bientôt, avec
cette prompte confiance qui caractérise la jeunesse, ils me
dirent leur histoire. Ce fut la jeune femme qui prit la
parole.

» — Docteur, me dit-elle, là-bas, par delà les mers,
j'ai un père, des sœurs, une famille, des amis, que j'ai
aimés longtemps, jusqu'au jour où j'ai aimé William,
mais j'ai fermé mon cœur à ceux qui repoussaient mon
ami. Le père de William lui défendait de m'épouser,
parce qu'il était trop noble pour la fille d'un planteur
américain; mon père me défendait d'aimer William,
parce qu'il était trop fier pour donner sa fille à un homme
dont la famille ne l'eût pas accueillie avec amour. On
voulut nous séparer; mais nous nous aimions. Nous avons
longtemps prié, pleuré, demandé grâce à ceux auxquels
nous devions obéissance; ils restèrent inflexibles, et nous
nous aimions ! Docteur, avez-vous jamais aimé? Je le
voudrais, pour que vous fussiez indulgent pour nous.
Nous nous sommes mariés secrètement, et nous avons fui
vers la France. Oh ! que la mer me parut belle pendant
ces premiers jours de notre amour ! Elle fut hospitalière

pour les deux fugitifs. Errants au milieu des flots, à
l'ombre des grandes voiles du vaisseau, nous avons eu
des jours heureux, rêvant le pardon de nos familles et ne
voyant que joies dans l'avenir. Hélas! il n'en fut pas
ainsi. On voulut nous poursuivre, et, à l'aide de je ne
sais quelle irrégularité de forme dans ce mariage clandes-
tin, l'ambitieuse famille de William eut la cruelle pensée
de nous séparer. Nous nous sommes cachés au milieu de
ces montagnes et de ces bois. Sous un nom qui n'est pas
le nôtre, nous vivons ignorés. Mon père n'a jamais par-
donné; il m'a maudite!... Voilà pourquoi, docteur, je ne
puis pas toujours sourire, même auprès de mon cher
William!

» Mon Dieu! comme ils s'aimaient! Jamais je n'ai vu
une âme s'être plus donnée à une autre âme que celle
d'Éva Meredith ne s'était donnée à son mari! Quelle que
fût l'occupation à laquelle elle se livrât, elle se plaçait de
façon à pouvoir, en levant les yeux, regarder et voir
William. Elle ne lisait que le livre qu'il lisait. La tête
penchée sur l'épaule de son mari, ses yeux suivaient les
lignes sur lesquelles s'arrêtaient les yeux de William;
elle voulait que les mêmes pensées vinssent les frapper
en même temps, et, quand je traversais le jardin pour
arriver à leur maison, je souriais en voyant toujours sur
le sable des allées la trace du petit pied d'Éva auprès de
celle des pieds de William. Quelle différence, mesdames,
de cette solitaire et vieille maison que vous voyez là-bas

à la jolie demeure de mes jeunes amis! Que de fleurs couvraient les murs! que de bouquets sur tous les meubles! que de livres charmants pleins d'histoires d'amour qui ressemblaient à leurs amours! Que de gais oiseaux chantant autour d'eux! Comme il était bon de vivre là et d'être aimé un peu de ceux qui s'aimaient tant! Mais voyez, on a bien raison de dire que les jours heureux ne sont pas longs sur cette terre, et que Dieu, en fait de bonheur, ne donne jamais qu'un peu.

» Un matin, Éva Meredith me parut souffrante. Je la questionnai avec tout l'intérêt que j'avais pour elle, quand elle me dit brusquement :

» — Tenez, docteur, ne cherchez pas si loin la cause de mon mal; ne me tâtez pas le pouls, c'est mon cœur qui bat trop fort. Dites, si vous voulez, que je suis enfant, docteur, mais j'ai un peu de chagrin ce matin. William va me quitter; oui, il va de l'autre côté de la montagne, à la ville voisine, chercher de l'argent qu'on nous envoie.

» — Et quand reviendra-t-il? lui demandai-je doucement.

» Elle sourit, rougit presque, et puis, avec un regard qui semblait dire : « Ne riez pas de moi, » elle répondit : *Ce soir!*

» Je ne pus m'empêcher de sourire malgré le regard qui m'implorait.

» En ce moment, un domestique amena devant le perron le cheval qu'allait monter M. Meredith. Éva se leva, descendit dans le jardin, s'approcha du cheval, et, caressant sa crinière, inclina sa tête sur le cou de l'animal, peut-être pour cacher que quelques larmes s'échappaient de ses yeux. William vint, et, s'étant élancé sur son cheval, il releva doucement la tête de sa femme.

» — Enfant! lui dit-il en la regardant avec amour et en la baisant au front.

» — William! c'est que nous ne nous sommes pas encore quittés pour tant d'heures à la fois.

» M. Meredith pencha sa tête vers celle d'Éva, et baisa de nouveau ses beaux cheveux blonds; puis il enfonça l'éperon dans le flanc du cheval et partit au galop. Je suis convaincu qu'il était aussi un peu ému. Rien n'est contagieux comme la faiblesse des gens que l'on aime : les larmes appellent les larmes, et ce n'est pas un beau courage que celui qui fait rester les yeux secs auprès d'un ami qui pleure.

» Je m'éloignai, et, rentré dans la chambre de ma maisonnette, je me mis à songer au grand bonheur d'aimer. Je me demandai si jamais une Éva viendrait partager ma pauvre demeure; je ne songeais pas à examiner si j'étais digne d'être aimé. Mon Dieu! lorsqu'on regardé les êtres qui se dévouent, on voit bien facilement que ce n'est pas à cause de mille choses et pour de bonnes raisons qu'ils aiment si bien; ils aiment parce que cela leur est nécessaire, inévitable; ils aiment à cause de leur cœur, non pas à cause de celui des autres. Eh bien! cette bonne chance qui fait rencontrer une âme qui a besoin d'aimer, je songeais à la chercher, à la trouver, absolument comme dans mes promenades du matin je pouvais rencontrer sur mon chemin une fleur parfumée.

» Je rêvais ainsi, quoique ce soit un assez blâmable sentiment que celui qui, à la vue du bonheur des autres, nous fait regretter ce qui nous manque. N'y a-t-il pas là un peu d'envie? et si la joie se volait comme on vole de l'or, ne songerions-nous pas à en faire le larcin?

» La journée se passa, et je venais de terminer mon frugal souper quand on vint me prier, de la part de madame Meredith, de me rendre chez elle. En cinq minutes, j'arrivai à la porte de la maison blanche. Je trouvai Éva, seule encore, assise sur un sofa, sans ouvrage, sans livre, pâle et toute tremblante.

» — Venez, docteur, venez, me dit-elle de sa douce voix; je ne puis plus rester seule. Voyez comme il est tard! il y a plus de deux heures qu'il devrait être ici, et il n'est pas encore rentré!

» Je fus étonné de l'absence prolongée de M. Meredith; mais, pour rassurer sa femme, je répondis tranquillement : Que pouvons-nous savoir du temps nécessaire à ses affaires, une fois arrivé à la ville? On l'aura fait attendre; le notaire était absent peut-être. Il y aura eu des actes à rédiger, à signer...

» — Ah! docteur, je savais bien que vous me diriez quelques consolantes paroles. Je n'ai pas hésité à

vous demander de venir; j'avais besoin d'entendre quelqu'un me dire qu'il n'était pas sage de trembler ainsi. Que
la journée a été longue, grand Dieu! Docteur, est-ce qu'il
y a des personnes qui peuvent vivre seules? Est-ce qu'on
ne meurt pas tout de suite, comme si on vous ôtait la moitié de l'air qu'il faut pour respirer? Mais voilà huit heures qui sonnent!...

» Huit heures sonnaient en effet. Il m'était difficile de
comprendre pourquoi William n'était pas de retour. A
tout hasard, je dis à madame Meredith :

» — Madame, le soleil se couche à peine; il fait jour
encore, et la soirée est superbe. Venez respirer la bonne
odeur de vos fleurs; venez du côté de l'arrivée. Votre mari
vous trouvera sur son chemin.

» Elle s'appuya sur mon bras et marcha vers la barrière qui fermait le petit jardin. J'essayai d'attirer son attention sur les objets qui l'entouraient. Elle me répondit
d'abord comme un enfant obéit; mais je sentais que sa
pensée n'était pas avec ses paroles. Son regard inquiet
restait fixé sur la barrière verte, encore entr'ouverte
comme au départ de William.

» Elle vint s'appuyer sur le treillage, puis elle me
laissa parler, souriant de temps à autre pour me remer-
cier; car, à mesure que le temps passait, elle perdait le
courage de me répondre. Ses yeux suivaient dans le ciel
le coucher du soleil, et les teintes grises qui succédaient
à l'éclat de ses rayons marquaient d'une manière certaine

la marche du temps. Tout s'assombrit autour de nous; le chemin qui, à travers le bois, nous avait jusqu'alors laissé voir ses blancs contours, disparut à nos yeux sous l'ombre des grands arbres, et l'horloge du village sonna neuf heures. Éva tressaillit; moi-même je sentis chaque coup me frapper au cœur. J'avais pitié de ce que devait souffrir cette femme.

» — Songez, madame, lui répondis-je (elle ne m'avait pas parlé, mais je répondais à l'inquiétude qui parlait sur tous ses traits), songez que M. Meredith ne peut revenir qu'au pas : les routes à travers les bois sont sans cesse coupées de rochers qui ne permettent pas d'avancer vite.

» Je lui parlais ainsi parce qu'il fallait la rassurer, mais le fait est que je ne savais plus comment expliquer l'absence de William. Moi qui connaissais la distance, je savais bien que j'aurais été deux fois à la ville et en serais deux fois revenu depuis qu'il avait quitté sa demeure. La rosée du soir commençait à pénétrer nos vêtements, et surtout la mousseline qui couvrait la jeune femme. Je repris son bras et l'entraînai vers la maison. Elle me suivit avec douceur. C'était un caractère faible, où tout était soumis, même la douleur. Elle marcha lentement, la tête baissée, les yeux fixés sur les traces laissées dans le sable par le galop du cheval de son mari. Mais qu'il était triste, bon Dieu! de revenir ainsi à la nuit, encore sans William! En vain nous prêtions l'oreille : la nature était dans ce grand silence que rien ne trouble à la campagne

lorsque la nuit est venue. Comme tout sentiment d'inquiétude s'augmente alors! La terre paraît si triste au milieu
de l'obscurité, qu'elle semble nous rappeler que tout s'obscurcit aussi dans la vie. C'était la vue de cette jeune
femme qui me faisait faire ces réflexions; à moi seul je
n'eusse jamais songé à tout cela.

» Nous rentrâmes. Éva s'assit sur le canapé et resta
immobile, les mains jointes sur ses genoux, la tête baissée sur sa poitrine. On avait placé une lampe sur la cheminée, et la lumière tombait en plein sur son visage.
Jamais je n'en oublierai la douloureuse expression : elle
était pâle, tout à fait pâle; son front et ses joues étaient
de la même teinte; l'humidité du soir avait allongé les
boucles de ses cheveux, qui tombaient en désordre sur
ses épaules. Des larmes roulaient sous ses paupières, et
le tremblement de ses lèvres décolorées laissait deviner
l'effort qu'elle faisait pour empêcher ses pleurs de couler.
Elle était si jeune, que cette douce figure semblait celle
d'un enfant auquel on défend de pleurer.

» Je commençais à me troubler et à ne plus savoir
quelle contenance garder vis-à-vis de madame Meredith.
Je me rappelai tout à coup (c'était bien une pensée de
médecin) qu'au milieu de ses inquiétudes, Éva n'avait
rien pris depuis le matin, et son état rendait imprudent
de prolonger cette privation de toute nourriture. Au premier mot que je prononçai à ce sujet, elle leva vers moi
ses yeux avec une expression de reproche, et cette fois le

mouvement de ses paupières fit couler deux larmes sur
ses joues.

» — Pour votre enfant, madame! lui dis-je.

» — Ah! vous avez raison! murmura-t-elle.

» Et elle se leva pour se rendre à la salle à manger;
mais dans la salle à manger il y avait deux couverts mis
à leur petite table, et cela en ce moment me parut si triste,
que je restai sans dire un mot, sans faire un mouvement.
L'inquiétude qui me gagnait me rendait tout à fait gauche; je n'étais pas assez habile pour dire des choses que
je ne pensais pas. Le silence se prolongeait.

» — Et cependant, me disais-je tout bas, je suis là
pour la consoler; elle m'a fait appeler à cette intention.
Il y a sans doute mille raisons pour expliquer ce retard;
cherchons-en une...

» Je cherchais, je cherchais... puis je restais silencieux, maudissant cent fois par minute le peu d'esprit
d'un pauvre médecin de village.

» Éva, la tête appuyée sur sa main, ne mangeait pas.
Tout à coup elle se tourna brusquement vers moi, et
éclatant en sanglots :

» — Ah! docteur, dit-elle, je le vois bien, vous êtes
inquiet aussi!

» — Mais, non; mais non, madame, repris-je en parlant au hasard. Pourquoi serais-je inquiet? Il aura dîné
chez le notaire. Le pays est sûr, et personne ne sait
d'ailleurs qu'il rapporte de l'argent.

» Une de mes préoccupations venait de se faire jour malgré moi. Je savais qu'une bande de moissonneurs étrangers avait traversé le village le matin pour se rendre dans un département voisin.

» Éva poussa un cri.

» — Des voleurs! des voleurs! dit-elle. Je n'avais pas songé à ce danger!

» — Mais, madame, je n'en parle que pour dire qu'il n'existe pas.

» — Oh! cette idée vous est venue, docteur, parce que vous pensiez que ce malheur était possible! William, mon William! pourquoi m'as-tu quittée? s'écria-t-elle en pleurant.

» J'étais debout, désolé de ma maladresse, hésitant devant toutes mes pensées, balbutiant quelques mots sans suite, et sentant, pour comble de malheur, que mes yeux allaient se remplir de larmes.

» — Allons! je vais pleurer, me disais-je; il ne me manquait plus que cela.

» Enfin il me vint une idée.

» — Madame Meredith, lui dis-je, je ne peux vous voir vous tourmenter ainsi et rester à vos côtés sans rien trouver de bon à dire pour vous consoler. Je vais aller à la recherche de votre mari; je vais prendre à tout hasard une des routes du bois; je vais regarder partout, appeler, aller, s'il le faut, jusqu'à la ville.

» — Oh! merci, merci, mon ami! s'écria Éva Meredith.

Prenez avec vous le jardinier, le domestique; allez dans toutes les directions.

» Nous rentrâmes précipitamment dans le salon, et Éva sonna vivement à plusieurs reprises. Tous les habitants de la petite maison ouvrirent à la fois les différentes portes de la pièce où nous étions.

» — Suivez le docteur Barnabé, s'écria madame Meredith.

» En ce moment, le galop d'un cheval se fit distinctement entendre sur le sable de l'allée. Éva poussa un cri de bonheur qui pénétra tous les cœurs; jamais je n'oublierai l'expression de divine joie qui se peignit à l'instant sur son visage encore inondé de larmes.

» Elle et moi, nous volâmes vers le perron. La lune, en ce moment, se dégageant des nuages, éclaira en plein un cheval couvert d'écume, que personne ne montait, dont la bride trainait à terre, et dont les étriers vides frappaient les flancs poudreux. Un second cri, horrible cette fois, s'échappa de la poitrine d'Éva; puis elle se tourna vers moi les yeux fixes, la bouche entr'ouverte, les bras pendants.

» — Mes amis, criai-je aux domestiques consternés, allumez des torches et suivez-moi! Madame, nous allons revenir bientôt, je l'espère, avec votre mari, qui s'est légèrement blessé; un pied foulé, peut-être. Ne perdez pas courage, nous reviendrons bientôt.

» — Je vous suivrai, murmura Éva Meredith d'une voix étouffée.

» — C'est impossible, m'écriai-je; il faut aller vite;
il faut aller loin peut-être, et dans votre état... ce serait
risquer votre vie et celle de votre enfant...

» — Je vous suivrai, répéta Éva.

» Oh! ce fut alors que je sentis combien était cruel
l'isolement de cette femme. S'il y avait eu là un père, une
mère, on lui eût ordonné de rester, on l'eût retenue de
force; mais elle était seule sur la terre, et, à toutes mes
rapides instances, elle répondit d'une voix sourde :

» — Je vous suivrai.

» Nous partîmes. Les nuages alors voilaient la lune;
il n'y avait aucune lumière ni dans le ciel ni sur la terre.
A peine pouvions-nous, à la lueur incertaine de nos
torches, distinguer notre chemin. Un domestique marchait en avant. Il inclinait la torche qu'il tenait tantôt à
droite, tantôt à gauche, pour éclairer les fossés, les
buissons qui bordaient la route. Derrière lui, madame
Meredith, le jardinier et moi, nous suivions du regard
le jet de lumière projeté par la flamme, cherchant avec
angoisse si quelque objet ne viendrait pas frapper nos
yeux. De temps à autre, nous élevions la voix en appelant
M. Meredith. Après nous, un sanglot étouffé murmurait
à peine le nom de William, comme si un cœur eût compté
sur l'instinct de l'amour pour faire mieux entendre ses
larmes que nos cris.

» Nous arrivâmes dans le bois. La pluie commençait
à tomber, et les gouttes, en frappant les feuilles des

arbres, faisaient un bruit si triste, qu'il semblait que tout pleurait autour de nous.

» Les vêtements légers qui couvraient Éva furent bientôt pénétrés par cette pluie froide. L'eau ruisselait de toutes parts sur les cheveux, sur le front de la pauvre femme. Elle se heurtait les pieds contre les rochers du chemin, et souvent fléchissait au point de tomber sur ses genoux; mais elle se relevait avec l'énergie du désespoir et poursuivait sa route. Cela faisait mal à voir. La lueur rouge de nos torches éclairait l'un après l'autre chaque tronc d'arbre, chaque rocher. Parfois, à un coude du chemin, le vent semblait éteindre cette lueur, et alors nous nous arrêtions, perdus dans les ténèbres. Nos voix, en appelant William Meredith, étaient devenues si tremblantes, qu'elles nous faisaient peur à nous-mêmes. Je n'osais regarder Éva; en vérité, je craignais de la voir tomber morte devant moi.

» Enfin un moment vint où, tandis que fatigués, découragés, nous marchions en silence, madame Meredith nous repoussa subitement, s'élança en avant, et se jeta à travers les broussailles. Nous la suivîmes. Quand nous pûmes soulever une torche pour distinguer les objets, hélas! nous la vîmes à genoux auprès du corps de William; il était étendu par terre sans mouvement, les yeux ternes et le front couvert du sang qui s'échappait d'une blessure au côté gauche de la tête.

» — Docteur? me dit Éva.

» Ce seul mot me disait : « William vit-il encore? »

» Je me penchai; je tâtai le pouls de William Meredith;
je posai ma main sur son cœur, et je restai silencieux.
Éva me regardait toujours; mais, à mesure que mon
silence se prolongeait, je la vis fléchir, s'incliner, puis,
sans dire une parole, sans jeter un cri, elle tomba évanouie
sur le corps mort de son mari...

» — Mais, mesdames, dit le docteur Barnabé en se tournant vers son auditoire, voilà le soleil qui brille; vous
pouvez sortir maintenant. Restons-en là de ce triste
récit. »

Madame de Monéar s'approcha du vieillard :

— Docteur, dit-elle, de grâce, soyez assez bon pour
achever; regardez-nous, et vous ne douterez pas de
l'intérêt avec lequel nous vous écoutons.

En effet, il n'y avait plus de sourires moqueurs sur
les jeunes visages qui entouraient le médecin du village.
Peut-être même eût-il pu voir des larmes briller dans
quelques yeux. Il reprit son récit :

« Madame Meredith fut transportée chez elle, et elle
resta plusieurs heures sans connaissance sur son lit. Je
sentais que c'était à la fois un devoir et une cruauté de
lui prodiguer les secours de mon art pour la rappeler à
la vie. Je redoutais les scènes déchirantes qui allaient
succéder à cet état d'immobilité; je demeurais penché vers
cette pauvre femme, baignant ses tempes d'eau fraîche et
épiant avec anxiété le triste et cependant heureux moment

où je verrais le souffle de la respiration s'échapper de ses lèvres. Je m'étais trompé dans mes prévisions, car je n'avais jamais vu un grand malheur. Éva entr'ouvrit les yeux, puis les referma aussitôt; aucune larme ne souleva ses paupières pour glisser sur ses joues. Elle resta glacée, immobile, silencieuse, et, si ce n'eût été le cœur qui avait recommencé à battre sous ma main, j'aurais pu la croire morte. Qu'il est triste de se trouver témoin d'une douleur que l'on sent au-dessus de toute consolation! Je me disais que me taire semblait manquer de pitié pour cette malheureuse femme, que parler pour consoler semblait ne pas assez reconnaître la grandeur du malheur. Moi qui n'avais pu rien trouver à dire pour calmer une inquiétude, pouvais-je espérer être plus éloquent en face d'une pareille souffrance? Je pris le parti le plus sûr, celui d'un silence complet. Je resterai là, me disais-je, je soignerai le mal physique, ainsi que cela est mon devoir, puis je me tiendrai immobile auprès d'elle, comme un chien dévoué se coucherait à ses pieds. Une fois ma résolution prise, je fus plus calme; je la laissai vivre d'une vie qui ressemblait à une mort. Au bout de quelques heures pourtant, j'approchai des lèvres de madame Meredith une cuillerée de potion que j'avais jugée nécessaire. Éva tourna lentement la tête du côté opposé et resta appuyée loin de la main qui lui présentait le breuvage. Quelques instants après, je revins à la charge.

» — Buvez, madame, lui dis-je.

» Et de la cuiller j'effleurais doucement ses lèvres; ses
lèvres restèrent fermées.

» — Madame, votre enfant! repris-je à demi-voix.

» Éva ouvrit les yeux, se souleva péniblement, s'appuya
sur son coude, se pencha vers la boisson que je lui pré-
sentais, la prit; puis elle retomba sur son oreiller :

» — Il faut que j'attende qu'une autre vie soit séparée
de la mienne! murmura-t-elle.

» Depuis lors, madame Meredith ne parla plus, mais
elle obéit machinalement à toutes mes prescriptions.
Étendue sur son lit de douleur, elle semblait éternellement
dormir; mais, à quelque moment que ce fût, quand de
ma voix la plus basse je lui disais : « Soulevez-vous,
buvez ceci, » elle obéissait au premier mot; ce qui me
prouvait que l'âme veillait dans ce corps immobile sans
trouver un seul instant d'oubli et de repos.

» Je fus seul à m'occuper des funérailles de William.
On ne sut jamais rien de positif sur la cause de sa mort.
On ne trouva pas sur lui l'argent qu'il devait rapporter
de la ville; peut-être avait-il été volé et assassiné, peut-
être cet argent, donné en billets, s'était-il échappé de sa
poche au moment d'une chute de cheval Et comme on ne
pensa que fort tard à essayer de le retrouver, il n'était
pas impossible que la pluie de la nuit l'eût fait disparaître
dans la terre fangeuse et les herbes humides. On fit
quelques perquisitions qui n'eurent aucun résultat, et

bientôt on cessa toute recherche à cet égard. J'avais essayé de savoir d'Éva Meredith s'il n'y avait pas quelques lettres à écrire pour prévenir sa famille ou celle de son mari. Je pus difficilement lui arracher une réponse. Enfin je parvins à comprendre qu'il fallait seulement prévenir leur homme d'affaires, qui ferait ce qu'il était convenable de faire. J'espérais donc que, d'Angleterre du moins, il arriverait quelques nouvelles qui décideraient de l'avenir de cette pauvre femme; mais non, les jours succédèrent aux jours, et personne sur la terre ne sembla savoir que la veuve de William Meredith vivait dans un isolement complet au milieu d'un pauvre village. Plus tard, pour essayer de rappeler Éva au sentiment de l'existence, j'avais désiré qu'elle se levât. Le lendemain du jour où je donnai ce conseil, je la trouvai debout, vêtue de noir : c'était l'ombre de la belle Éva Meredith. Ses cheveux étaient séparés en bandeaux sur son front pâle. Elle était assise près d'une fenêtre, et restait immobile comme elle l'avait été dans son lit.

» Ce fut ainsi que je passai en silence de longues soirées auprès d'elle. Je prenais un livre par contenance. Chaque jour, en l'abordant, je lui disais quelques paroles de pitié et de dévouement. Elle me répondait par un regard qui me disait : Merci; puis nous demeurions sans parler. J'attendais qu'une occasion se présentât pour essayer d'échanger avec elle quelques pensées, mais ma gaucherie et mon respect pour son malheur ne savaient pas la faire naître ou la laissaient passer. Je m'accoutumais peu à peu à cette absence de tout discours, à ce recueillement, et puis, qu'aurais-je dit? L'important était qu'elle sût qu'elle n'était pas absolument seule dans ce monde, et, tout obscur que fût l'appui qui lui restait, c'était quelqu'un enfin. Je n'allais la voir que pour lui dire par ma présence : « Je suis là. »

» Ce fut une étrange phase de ma vie; elle eut une grande influence sur le reste de ma destinée. Si je n'avais pas témoigné tant de regrets de voir disparaître la maison blanche, je passerais rapidement à la conclusion de ce récit; mais vous avez voulu savoir pourquoi cette maison était pour moi un lieu consacré, il faut donc que je vous dise ce que j'ai pensé, ce que j'ai senti sous son humble toit. Pardonnez-moi, mesdames, quelques paroles sérieuses. Cela ne va pas mal à la jeunesse d'être un peu attristée; elle a tant de temps devant elle pour rire et pour oublier!

» Fils d'un paysan enrichi, j'avais été envoyé à Paris pour achever mes études. Pendant les quatre années passées dans cette grande ville, j'avais conservé la gaucherie de mes manières, la simplicité de mon langage; mais j'avais rapidement perdu la naïveté de mes sentiments. Je revins dans ces montagnes presque savant, mais presque incrédule à tout ce qui fait qu'on vit paisible sous un toit de chaume auprès de sa femme et de ses enfants, sans détourner les yeux des croix du cimetière que l'on voit du seuil de sa demeure.

» Quand Éva Meredith était heureuse, son bonheur
m'avait déjà donné d'utiles leçons. « Ils m'ont trompé
là-bas, » me disais-je; il y a des cœurs vrais, il y a des
âmes innocentes comme des âmes d'enfants. Le plaisir
d'un instant n'est pas tout dans la vie. Il existe des sentiments qui ne finissent pas avec la fin de l'année. On peut
s'aimer longtemps, toujours peut-être.

» En contemplant l'amour de William et d'Éva, j'avais
retrouvé ma simple nature du paysan d'autrefois. Je me
prenais à rêver une femme vertueuse, candide, assidue à
l'ouvrage, embellissant mon logis par ses soins et son bon
ordre. Je me voyais fier de la douce sérénité de ses traits,
révélant à tout venant l'épouse fidèle et même un peu
austère. Certes, ce n'étaient pas là mes rêves de Paris au
sortir d'une joyeuse soirée passée avec mes camarades!
Un malheur horrible tomba comme la foudre sur Éva
Meredith. Cette fois, je compris moins vite l'enseignement
que chaque jour renouvelait pour moi.

» Éva restait assise près d'une fenêtre, le regard tristement fixé sur le ciel. Cette position, assez familière à
tous ceux qui rêvent, attira peu d'abord mon attention;
cependant, à la longue, elle finit par me frapper. Tandis
que mon livre restait ouvert sur mes genoux, je regardais
madame Meredith, et, bien sûr que ses regards ne sur-
prendraient pas les miens, je l'examinais attentivement.
Éva regardait le ciel, mes yeux suivaient la direction des
siens.

» — Ah! me dis-je avec un demi-sourire, elle croit qu'elle ira le retrouver là-haut!

» Puis je repris mon livre en songeant qu'il était heureux pour la faiblesse des femmes que de semblables pensées vinssent au secours de leur douleur.

» Je vous l'ai dit, mon séjour au milieu des étudiants avait mis de mauvaises idées dans ma tête. Chaque jour, cependant, je voyais Éva dans la même attitude, et chaque jour mes réflexions étaient ramenées vers le même sujet. Peu à peu j'en arrivai à songer qu'elle avait là un bon rêve. Je me mis à regretter de ne pouvoir croire que ce rêve fût vrai. L'âme, le ciel, la vie éternelle, tout ce que mon curé m'avait appris autrefois, passait dans mon imagination, tandis que je restais assis le soir devant la fenêtre ouverte. Je me disais :

» — Ce que le vieux curé m'enseignait est plus consolant que les froides réalités que la science m'a laissé entrevoir!

» Puis je regardais Éva, qui regardait toujours le ciel, tandis que les cloches de l'église du village sonnaient au loin, et que les rayons du soleil couchant faisaient briller au milieu des nuages la croix du clocher. Je revins souvent m'asseoir auprès de la pauvre veuve, persévérante dans sa douleur comme dans ses saintes espérances.

» — Quoi! pensai-je, tant d'amour ne s'adresse plus qu'à un peu de poussière déjà mêlée à la terre! tous ces soupirs ne vont vers aucun but! William est parti dans

ses jeunes années, avec ses vives affections, avec son
cœur, où tout était encore en fleur. Elle ne l'a aimée
qu'une année, qu'une petite année, et tout est dit pour
elle! Il n'y a au-dessus de nos têtes que de l'air! L'amour,
ce sentiment si vivant en nous, n'est qu'une flamme placée dans l'obscure prison de notre corps, où elle brille,
brûle, puis s'éteint quand la fragile muraille qui l'entoure
vient à tomber : un peu de poussière, voilà tout ce qui
reste de nos amours, de nos espérances, de nos pensées,
de nos passions, de tout ce qui respire, s'agite et s'exalte
en nous!

» Il y eut un grand silence au fond de moi-même.

» En vérité, j'avais cessé de penser : j'étais comme
endormi entre ce que je ne niais plus et ce que je ne
croyais pas encore. Enfin, un soir, comme Éva avait joint
les mains pour prier, devant la plus belle soirée étoilée
qu'il fût possible de voir, je ne sais comment cela se fit,
mais mes mains se trouvèrent jointes aussi, et mes lèvres
s'entr'ouvrirent pour murmurer une prière. Alors, par un
heureux hasard, pour la première fois Éva Meredith regarda ce qui se passait autour d'elle, comme si un instinct
secret l'eût avertie que mon âme venait de se mettre en
harmonie avec la sienne.

— » Merci, me dit-elle en me tendant la main; sou-
venez-vous de lui, et priez ainsi quelquefois pour lui.

» — Oh! madame, m'écriai-je, puissions-nous tous
nous retrouver dans un monde meilleur, que nos vies

aient été longues ou courtes, heureuses ou éprouvées!

» — L'âme immortelle de William est là-haut! me dit-elle d'une voix grave, tandis que son regard, à la fois triste et brillant, revenait se fixer sur le ciel.

» Depuis, en accomplissant les devoirs de ma profession, j'ai souvent vu mourir; mais, à ceux qui restaient, j'ai toujours dit quelques paroles consolantes sur une vie meilleure que celle-ci; et ces paroles, je les pensais!

» Enfin, un mois après ces silencieux événements, Éva Meredith donna le jour à un fils. Quand, pour la première fois, on lui apporta son enfant : « William! » s'écria la pauvre veuve, et des larmes, des larmes secourables trop longtemps refusées à sa douleur, s'échappèrent par torrents de ses yeux. L'enfant porta ce nom tant aimé de William, et un petit berceau fut placé tout près du lit de la mère. Alors le regard d'Éva, qui s'était détourné de la terre, revint vers la terre. Elle regarda son fils comme elle avait regardé le ciel. Elle se penchait vers lui pour retrouver l'image de son père. Dieu avait permis une parfaite ressemblance entre William et le fils qu'il ne devait pas voir. Il se fit un grand changement autour de nous. Éva Meredith, qui avait consenti à vivre pour attendre que l'existence de son enfant fût séparée de la sienne, maintenant, je le voyais bien, voulait vivre encore, parce qu'elle sentait qu'il fallait à ce petit être la protection de son amour. Elle passait les journées, les soirées, assise auprès du berceau, et quand je venais la voir, oh! alors, elle me parlait, elle me questionnait sur les soins à donner à son fils; elle expliquait ce qu'il avait souffert, elle demandait ce qu'il fallait faire pour lui épargner le plus petit mal. Elle craignait pour l'enfant la chaleur d'un rayon du soleil, le froid de l'air le plus léger. Penchée vers lui, elle le couvrait de son corps, le réchauffait par ses baisers. Un jour, je crus presque la voir sourire à son fils; mais jamais elle ne voulait, en balançant le berceau, chanter afin que le sommeil fermât les yeux de l'enfant; elle appelait une de ses femmes, et disait : « Chantez pour endormir mon fils! » Puis, elle écoutait, laissant ses larmes doucement couler sur le front du petit William. Pauvre enfant, il était beau, il était doux, facile à élever; mais, comme si la douleur de sa mère eût, même avant sa naissance, pénétré jusqu'à lui, cet enfant était triste; il ne criait guère, mais il ne souriait pas; il était calme, et le calme, à cet âge, fait songer à la souffrance. Il me semblait que toutes les larmes versées sur ce berceau glaçaient cette petite âme. J'aurais voulu déjà voir les bras caressants de William entourer le cou de sa mère, j'aurais voulu qu'il cherchât à rendre les baisers qu'on lui prodiguait.

» — Mais à quoi vais-je songer? me disais-je; est-ce qu'il faut demander à cette petite créature qui n'a pas fini une année, de comprendre qu'il est dans ce monde pour aimer et consoler cette femme?

» C'était, je vous assure, mesdames, un spectacle qui

remuait le cœur que de voir cette mère jeune, pâle, affai-
blie, ayant renoncé à tout avenir pour elle-même, reprendre à la vie à cause d'un tout petit enfant qui alors ne
pouvait pas même dire : « Merci, ma mère! » Quelle merveille que notre cœur, que de peu de chose il sait faire
beaucoup! Donnez-lui un grain de sable, il élèvera une
montagne; qu'à son dernier battement, on lui montre encore un atome à aimer, et vite il recommencera à battre;
il ne s'arrête pour toujours que lorsqu'il ne reste plus
autour de lui que le vide, et que même l'ombre de ce qui
lui fut cher a disparu de la terre!

» Éva mettait l'enfant sur un tapis, à ses pieds, puis,
en le regardant jouer, elle me disait :

» — M. Barnabé, quand mon fils sera grand, je veux
qu'il soit distingué, instruit; je lui choisirai une noble
carrière; je le suivrai partout, sur mer s'il est marin, aux
Indes s'il est à l'armée; je lui veux de la gloire, des hon-
neurs, et je m'appuierai sur son bras; je dirai avec orgueil : « Je suis sa mère! » N'est-ce pas, M. Barnabé, il
me laissera le suivre? Une pauvre femme qui n'a besoin
que d'un peu de silence et de solitude pour pleurer ne gêne
personne, n'est-il pas vrai!

» Et puis nous discutions les différentes carrières à
choisir, nous mettions à l'instant vingt années sur la tête
de cet enfant, oubliant tous les deux que ces vingt années
nous feraient vieux et étaient notre petite part des beaux
jours de la vie! Mais bah! nous ne pensions guère à nous;

nous ne songions à être jeunes et heureux que quand il y aurait pour lui jeunesse et bonheur.

» Je ne pouvais, en écoutant ces beaux rêves, m'empêcher de regarder avec effroi cet enfant de qui dépendait si bien l'existence d'une autre. Une vague inquiétude me préoccupait malgré moi ; mais je me disais : « Elle a assez pleuré, le Dieu qu'elle prie lui doit un peu de bonheur. »

» Nous en étions là, lorsque je reçus une lettre de mon oncle, le seul parent qui me restât. Mon oncle, attaché à la faculté de Montpellier, m'appelait près de lui, pour achever dans cette ville savante de m'initier aux secrets de mon art. Cette lettre, rédigée comme une prière, était un ordre : il fallait partir. Un matin, le cœur bien gros en songeant à l'isolement dans lequel je laissais la veuve et l'orphelin, je me rendis à la maison blanche pour prendre congé d'Éva Meredith. Lorsque je lui dis que j'allais la quitter pour longtemps, je ne sais si un peu de tristesse se peignit sur ses traits. Son beau visage avait, depuis la mort de William Meredith, une expression de si profonde mélancolie, qu'il n'était possible d'y remarquer qu'un sourire, s'il venait à se montrer; quant à la tristesse, elle était toujours là.

» — Partir ! s'écria-t-elle, vos soins étaient si utiles à mon enfant !

» La pauvre femme oubliait de regretter son dernier ami qui s'éloignait, la mère seulement regrettait le méde-

cin utile à son fils. Je ne me plaignis pas. Être utile est
la douce récompense de ceux qui sont dévoués.

» — Adieu, reprit-elle en me tendant la main. Partout où vous irez, que Dieu vous bénisse! et, s'il veut un
jour que vous soyez malheureux, qu'il place du moins
près de vous un cœur compatissant comme le vôtre!

» J'inclinai mon front sur la main d'Éva Meredith, et
je m'éloignai profondément ému.

» L'enfant était couché devant le perron, sur l'herbe,
au soleil. J'allai vers lui, je le pris dans mes bras, je
l'embrassai à plusieurs reprises; je le regardai longtemps,
longtemps, attentivement, tristement; puis une larme
mouilla mes yeux. Oh! non! non! je me trompe! murmu-
rai-je , et je quittai précipitamment la maison blanche...»

— Mon Dieu, docteur! s'écrièrent à la fois tous les auditeurs du médecin du village, que craigniez-vous donc
pour cet enfant?

— Laissez-moi, mesdames, répondit Barnabé, achever cette histoire à ma manière; chaque chose sera dite
en son temps. Je raconte les événements dans l'ordre où
ils sont venus pour moi.

« Arrivé à Montpellier, je fus reçu à merveille par mon
oncle, si ce n'est toutefois qu'il me déclara qu'il ne pouvait ni me loger, ni me nourrir, ni me prêter de l'argent,
et que moi, étranger, sans réputation, je ne devais pas
espérer un seul client dans cette ville remplie de méde-
cins fort célèbres.

» — Alors, mon oncle, lui dis-je, je retourne dans mon village.

» — Non pas, non pas! reprit-il, je t'ai trouvé une situation honorable. Un Anglais, fort vieux, fort riche, fort goutteux, fort inquiet, désire avoir toujours un médecin sous son toit, un jeune homme intelligent pour suivre sa maladie sous la direction d'un autre médecin. Je t'ai proposé, tu as été accepté : partons.

» Nous nous rendîmes immédiatement chez lord James Kysington. Nous entrâmes dans une grande et belle maison, remplie de nombreux domestiques, et après avoir fait plusieurs stations, d'abord dans les antichambres, ensuite dans les premiers salons, nous fûmes introduits dans le cabinet de lord James Kysington.

» Lord James Kysington était assis dans un grand fauteuil. C'était un vieillard d'un aspect froid et sévère. Ses cheveux complétement blancs faisaient un singulier contraste avec ses sourcils restés du plus beau noir. Il était grand et maigre, du moins je crus le deviner à travers les plis d'une large redingote de drap faite comme une robe de chambre. Ses mains étaient enfoncées dans ses manches, et une fourrure d'ours blanc enveloppait ses pieds malades. Il avait auprès de lui un guéridon sur lequel étaient placées plusieurs fioles contenant des potions.

» — Milord, voici mon neveu le docteur Barnabé.

» Lord James Kysington me salua, c'est-à-dire qu'il fi un imperceptible mouvement de tête en me regardant.

» — Il est fort instruit, reprit mon oncle, et je ne
doute pas que ses soins ne soient utiles à Votre Seigneurie.

» Un second mouvement de tête fut l'unique réponse
faite à mon oncle.

» — En outre, reprit celui-ci, son éducation ayant
été assez bonne, il pourra faire la lecture à milord, ou
écrire sous sa dictée.

» — Je lui saurai gré de cette complaisance, répondit
enfin lord James Kysington, qui aussitôt ferma les yeux,
soit parce qu'il était fatigué, soit parce qu'il voulait faire
comprendre que la conversation devait en rester là.

» Je pus alors regarder autour de moi. Il y avait auprès de la fenêtre une jeune femme, fort élégamment ha-
billée, qui travaillait à une broderie sans lever les yeux
vers nous, comme si nous n'étions pas dignes de ses regards. Sur le tapis, devant elle, un petit garçon jouait
avec des images. La jeune femme ne me parut pas belle
au premier abord, parce qu'elle avait des cheveux noirs,
des yeux noirs, et qu'être belle, selon moi, c'était être
blonde et blanche, comme Éva Meredith; et puis, d'après
mon jugement très-inexpérimenté, je ne pouvais séparer
la beauté d'un certain air de bonté. Ce que je trouvais
doux à regarder était ce que je supposais devoir être doux
au cœur, et je fus longtemps avant de m'avouer la beauté
de cette femme, dont le front était hautain, le regard dé-
daigneux et la bouche sans sourire.

» Elle était, comme lord James Kysington, grande, maigre, un peu pâle. Il y avait entre eux un certain air de famille. Leurs deux natures devaient trop se ressembler pour pouvoir se convenir. Ces deux personnes froides et silencieuses restaient sûrement l'une près de l'autre sans s'aimer, sans se parler. L'enfant avait aussi appris à ne pas faire de bruit, il marchait sur la pointe du pied, et, au moindre craquement du parquet, un regard sévère de sa mère ou de lord James Kysington le changeait en statue.

» Il était trop tard pour retourner dans mon village; mais il est toujours temps pour regretter ce que l'on a aimé et ce que l'on a perdu. Mon cœur se serra en songeant à ma maisonnette, à mon vallon, à ma liberté.

» Voici ce que je parvins à savoir sur ce triste intérieur :

» Lord James Kysington était venu à Montpellier pour rétablir sa santé, éprouvée par le climat des Indes. Second fils du duc de Kysington, lord lui-même par courtoisie, il ne devait qu'à ses talents et non à un héritage sa fortune et sa position politique dans la chambre des communes. Lady Mary était la femme de son plus jeune frère, et lord James Kysington, maître de disposer de ses biens, avait désigné, comme son héritier, son neveu, le fils de lady Mary. Je me mis à soigner ce vieillard avec tout le zèle dont j'étais capable, bien persuadé que le meilleur moyen d'améliorer les mauvaises positions est de remplir exactement même un devoir pénible.

» Lord James Kysington était à mon égard de la plus stricte politesse. Un salut me remerciait de chaque soin donné, de chaque mouvement qui lui rendait service. Je faisais de longues lectures que personne n'interrompait, ni le sombre vieillard que j'endormais, ni la jeune femme qui n'écoutait pas, ni l'enfant qui tremblait devant son oncle. Je n'avais jamais rien vu d'aussi triste, et pourtant, mesdames, vous savez que la petite maison blanche avait depuis longtemps cessé d'être gaie; mais le silence qui vient du malheur suppose des pensées si graves, que les paroles sont regardées comme insuffisantes pour les rendre. On sent la vie de l'âme sous l'immobilité du corps. Dans ma nouvelle demeure, c'était le silence à cause du vide.

» Un jour, tandis que lord James Kysington semblait sommeiller, que lady Mary était penchée sur son métier, le petit Harry monta sur mes genoux, et, nous trouvant dans un angle éloigné de la chambre, il me fit tout bas quelques questions avec la naïve curiosité de son âge; puis à mon tour, ne songeant guère à ce que je disais, je l'interrogeai sur sa famille.

» — Avez-vous des frères ou des sœurs? lui demandai-je.

» — J'ai une petite sœur bien jolie.

» — Comment s'appelle-t-elle? repris-je, tandis que du regard je parcourais un feuilleton de journal.

» — Elle a un nom charmant; devinez-le, M. le docteur.

» Je ne sais à quoi je pensai. Dans mon village, je n'avais entendu que des noms de paysannes, qui ne pouvaient s'appliquer à la fille de lady Mary. Madame Meredith était la seule femme du monde que j'eusse connue, et l'enfant répétant : « Devinez, devinez, » je répondis à tout hasard :

» — Éva, peut-être?

» Nous parlions bien bas; mais, au moment où le nom d'Éva s'échappa de mes lèvres, lord James Kysington ouvrit brusquement les yeux et se souleva sur son séant; lady Mary laissa tomber son aiguille et se tourna avec vivacité vers moi. Je fus confondu de l'effet que je venais de produire; je regardai tour à tour lord James Kysington et lady Mary sans oser dire une parole de plus; quelques minutes se passèrent, lord James Kysington se laissa retomber sur le dossier de son fauteuil et ferma les yeux, lady Mary reprit son aiguille, Harry et moi nous cessâmes de parler.

» Je réfléchis longtemps à ce bizarre incident; puis, toutes choses étant rentrées dans le calme accoutumé, le silence et l'immobilité étant bien rétablis autour de moi, je me levai doucement et cherchai à m'éloigner. Lady Mary repoussa son métier, passa devant moi et me fit signe de la main de la suivre. Une fois entrés dans le salon, elle ferma la porte, se tenant debout en face de moi, la tête haute, toute sa physionomie prenant l'air impérieux, qui était l'expression la plus naturelle de ses traits :

« M. Barnabé, me dit-elle, veuillez ne jamais prononcer
le nom qui s'est échappé de vos lèvres tout à l'heure; c'est un
nom que lord James Kysington ne doit pas entendre. »
Elle s'inclina légèrement, et rentra dans le cabinet dont
elle ferma la porte.

» Mille pensées m'assaillirent à la fois; cette Éva dont
il ne fallait pas parler, n'était-ce pas Éva Meredith?
était-elle la belle-fille de lord James Kysington? étais-je
donc chez le père de William? J'espérais, je doutais, car
enfin, si pour moi ce nom d'Éva ne désignait qu'une personne, pour tout autre il n'était qu'un nom, commun sans
doute, en Angleterre, à bien des femmes.

» Je n'osais questionner : autour de moi, toutes les
bouches étaient closes et tous les cœurs sans expansion,
mais la pensée que j'étais dans la famille d'Éva Meredith,
auprès de la femme qui dépouillait la veuve et l'orphelin
de l'héritage paternel, cette pensée devint la préoccupation
constante de mes jours et de mes nuits. Je voyais mille
fois en rêve le retour d'Éva et de son fils dans cette demeure, je me voyais demandant pour eux un pardon que
j'obtenais; mais je levais les yeux, et la froide, l'impassible figure de lord James Kysington glaçait toutes les
espérances de mon cœur. Je me mis à examiner ce visage
comme si je ne l'avais jamais vu; je me mis à épier sur
ses traits quelques mouvements, quelques lignes qui an-
nonçassent un peu de sensibilité. Je cherchais l'âme que
je voulais toucher. Hélas! je ne la trouvais nulle part. Je

ne perdis pas courage; ma cause était si belle! Bah! me
disais-je, que signifie l'expression du visage? que fait
l'enveloppe extérieure qui frappe les yeux? Le coffre le
plus sombre ne peut-il pas renfermer de l'or? Faut-il que
tout ce qui est en nous se devine au premier regard? et
quiconque a vécu n'a-t-il pas appris à séparer son âme et
sa pensée de l'expression banale de sa physionomie?

» Je résolus d'éclaircir mes doutes, mais quel moyen
prendre? Questionner lady Mary ou lord James Kysington
était chose impossible; faire parler les domestiques? ils
étaient Français et nouvellement entrés dans cette maison. Un valet de chambre anglais, seul serviteur qui eût
suivi son maître, venait d'être envoyé à Londres avec une
mission de confiance. Ce fut vers lord James Kysington
que je dirigeai mes investigations. Par lui je saurais, et
de lui j'obtiendrais grâce. La sévère expression de son
visage cessa de m'effrayer. Je me dis : « Quand dans la
forêt on rencontre un arbre mort en apparence, on fait
une entaille à l'arbre pour savoir si la sève n'est pas vivante
encore sous l'écorce morte; de même je frapperai au cœur;
et je verrai si la vie ne se cache pas quelque part. » J'attendis l'occasion.

» Attendre avec impatience, c'est faire venir ce que l'on
attend. Au lieu de dépendre des circonstances, on soumet
les circonstances.

» Une nuit, lord J. Kysington me fit appeler; il souf-
frait. Après lui avoir donné les soins nécessaires, je

restai seul près de lui pour voir les résultats de mes prescriptions. La chambre était sombre ; une bougie allumée laissait distinguer les objets, mais sans les éclairer. La noble et pâle figure de lord J. Kysington était renversée sur son oreiller. Ses yeux étaient fermés. C'était son habitude quand il se préparait à souffrir, comme s'il eût voulu se concentrer en lui-même pour ne rien perdre de sa force morale ; il ne se plaignait jamais ; il restait étendu dans son lit, droit et immobile comme la statue d'un roi sur son tombeau. En général, il se faisait faire une lecture, espérant soit que la pensée du livre s'emparerait de son esprit, soit que le son monotone d'une voix ferait venir le sommeil.

» Cette nuit-là, il me fit signe de sa main osseuse de prendre un livre et de commencer à lire ; mais je cherchai vainement, livres et journaux avaient été descendus au salon ; toutes les portes étaient fermées, et, à moins de sonner et de répandre l'alarme dans la maison, je ne pouvais me procurer un livre. Lord J. Kysington fit un signe d'impatience, puis de résignation, et me montra une chaise pour que je revinsse m'asseoir auprès de lui. Nous restâmes longtemps ainsi sans parler, presque dans l'obscurité, l'horloge seule rompant le silence par le bruit régulier du balancier. Le sommeil ne venait pas. Tout à coup lord J. Kysington ouvrit les yeux, et, les tournant vers moi :

» — Parlez, me dit-il, racontez quelque chose, ce que vous voudrez.

» Ses yeux se refermèrent, et il attendit.

» Mon cœur battit avec force. Le moment était venu.

» — Milord, lui dis-je, j'ai bien peur de ne rien savoir qui puisse intéresser Votre Seigneurie. Je ne puis parler que de moi, des événements de ma vie, et il vous faudrait l'histoire de quelques grands hommes de ce monde pour fixer votre attention. Que peut raconter un paysan qui a vécu content de peu, dans l'obscurité et le repos?... Je n'ai guère quitté mon village, milord. C'est un joli hameau dans la montagne; on n'y serait pas né qu'on le choisirait pour y vivre. Non loin de mon village, il y a une maison de campagne où j'ai vu des gens riches qui auraient pu partir et qui restaient, parce que les bois sont épais, les sentiers fleuris, les ruisseaux bien clairs et courant vite sur les rochers. Hélas! ils étaient deux dans cette maison... et bientôt une pauvre femme y resta seule jusqu'à la naissance de son fils... Milord, cette femme est une de vos compatriotes, une Anglaise, belle comme on ne l'est pas souvent ni en Angleterre ni en France, bonne comme il n'y a que les anges dans le ciel qui puissent avoir cette bonté-là!... Elle venait d'avoir dix-huit ans quand je l'ai laissée sans père, sans mère, et déjà veuve d'un mari adoré; elle est faible, délicate, presque malade, il faut bien qu'elle vive; qui est-ce qui protégerait ce petit enfant?

» Oh! milord, il y a des gens bien malheureux dans ce monde! Être malheureux au milieu de sa vie ou quand la vieillesse est venue, c'est triste sans doute, toutefois on a quelques bons souvenirs qui vous font dire qu'on a eu sa part, son temps, son bonheur; mais, quand on pleure avant dix-huit ans, c'est bien plus triste encore, car enfin rien ne ressuscite les morts, on le sait, et il ne reste qu'à pleurer toute sa vie. La pauvre enfant!... On voit un mendiant sur le bord d'une route, c'est du froid, c'est de la faim qu'il souffre : on lui fait l'aumône et on le regarde sans chagrin, parce qu'il peut être secouru; mais cette malheureuse femme dont le cœur est brisé, le seul secours à lui donner serait de l'aimer... et personne n'est près d'elle pour lui faire cette aumône-là.

» Ah! milord, si vous saviez quel beau jeune homme elle avait pour mari! Vingt-trois ans à peine, une noble figure, un front haut... comme le vôtre, intelligent et fier, des yeux d'un bleu foncé, un peu rêveurs, un peu tristes, j'ai su pourquoi... C'est qu'il aimait son père, son pays, et qu'il devait rester loin d'eux! Son sourire était plein de bonté... Ah! comme il aurait souri à son petit enfant, s'il avait assez vécu pour le voir! Il l'aimait même avant qu'il fût né; il prenait plaisir à regarder le berceau qui attendait. Pauvre, pauvre jeune homme!... je l'ai vu par une nuit d'orage, dans une forêt obscure, étendu sur la terre mouillée, sans mouvement, sans vie, ses vêtements couverts de boue, son front brisé par une affreuse blessure d'où le sang s'échappait encore par torrents. J'ai vu... hélas! j'ai vu William...

» — Vous avez été témoin de la mort de mon fils! s'é-
cria lord J. Kysington, se levant comme un spectre au
milieu des oreillers qui le soutenaient, et fixant sur moi
des yeux si grands, si perçants, que je reculai effrayé;
mais, malgré l'obscurité de la chambre, je crus apercevoir une larme mouiller le bord des paupières du vieillard.

» — Milord, répondis-je, j'ai vu mourir votre fils, et
j'ai vu naître son enfant!

» Il y eut un instant de silence.

» Lord J. Kysington me regardait fixement; enfin il fit
un mouvement, sa main tremblante chercha ma main, la
serra, puis ses doigts s'entr'ouvrirent, et il retomba sur
ses oreillers.

» — Assez, assez, monsieur! je souffre, j'ai besoin de
repos. Laissez-moi seul.

» Je m'inclinai et m'éloignai.

» Avant que j'eusse quitté la chambre, lord J. Kysington avait repris sa position habituelle, son silence et son
immobilité.

» Je ne vous dirai pas, mesdames, mes nombreuses et
respectueuses tentatives auprès de lord J. Kysington, les
indécisions, les anxiétés cachées de celui-ci, et comment
enfin son amour paternel, réveillé par les détails de l'horrible catastrophe, comment l'orgueil de sa race, ranimé
par l'espoir de laisser un héritier de son nom, finirent par
triompher d'un amer ressentiment. Trois mois après la

scène que je viens de raconter, j'étais sur le seuil de la maison de Montpellier à attendre Éva Meredith et son fils, rappelés dans leur famille pour y reprendre tous leurs droits. Ce fut un beau jour pour moi.

» Lady Mary, qui, en femme maîtresse d'elle-même, avait dissimulé sa joie lorsque des dissentiments de famille avaient fait de son fils le futur héritier de son frère, dissimula mieux encore ses regrets et sa colère quand Éva Meredith, ou plutôt Éva Kysington, se réconcilia avec son beau-père. Le front de marbre de lady Mary resta impassible; mais que de mauvaises passions devaient gonfler son cœur sous ce calme apparent!

» J'étais donc sur le seuil de la porte quand la voiture d'Éva Meredith (je continuerai à lui donner ce nom) entra dans la cour de l'hôtel. Éva me tendit vivement la main. « Merci, merci, mon ami! » murmura-t-elle. Elle essuya les larmes qui tremblaient dans ses yeux, et, prenant par la main son enfant, un enfant de trois ans, beau comme un ange, elle entra dans sa nouvelle demeure. « J'ai peur, » me dit-elle. C'était toujours cette faible femme, brisée par le malheur, pâle, triste et belle, qui ne croyait guère aux espérances de la terre, et qui n'avait de certitude que pour les choses du ciel. Je marchais à côté d'elle, et tandis que, toujours en deuil, elle montait les premières marches de l'escalier, sa douce figure mouillée de larmes, sa taille mince et faible, penchée vers la rampe, son bras tendu attirant à elle l'enfant qui mar-

chait plus lentement qu'elle encore, lady Mary et son fils
parurent sur le haut de l'escalier. Lady Mary portait une
robe de velours brun; de beaux bracelets entouraient ses
bras; une légère chaîne d'or ceignait son front, digne en
effet d'un diadème. Elle marchait d'un pas assuré, la tête
haute, le regard plein de fierté. Ce fut ainsi que ces deux
mères se virent pour la première fois.

» — Soyez la bienvenue, madame, dit lady Mary en
saluant Éva Meredith.

» Éva essaya de sourire et répondit quelques paroles
affectueuses. Comment aurait-elle deviné la haine, elle
qui ne savait qu'aimer? Nous nous dirigeâmes vers le cabinet de lord J. Kysington. Madame Meredith, se soutenant à peine, entra la première, fit quelques pas, et s'a-
genouilla près du fauteuil de son beau-père. Elle prit son
enfant dans ses deux bras, et, le mettant sur les genoux
de lord J. Kysington :

» — Voilà son fils! s'écria-t-elle.

» Puis la pauvre femme pleura et se tut.

» Lord J. Kysington regarda longtemps l'enfant. À
mesure qu'il reconnaissait les traits du fils qu'il avait
perdu, son regard devenait humide et affectueux. Un moment arriva où, oubliant son âge, la marche du temps,
les malheurs éprouvés, il se crut revenu aux jours heureux où il serrait son fils encore enfant sur son cœur.

» — William! William! murmura-t-il; ma fille! ajouta-
t-il en tendant la main à Éva Meredith.

» Mes yeux se remplirent de larmes. Éva avait une famille, un protecteur, une fortune; j'étais heureux, et c'est peut-être pourquoi je pleurais!

» L'enfant, paisiblement resté sur les genoux de son grand-père, n'avait témoigné ni plaisir ni crainte.

» — Veux-tu m'aimer? lui dit le vieillard.

» — L'enfant leva la tête, mais ne répondit pas.

» — M'entends-tu? Je serai ton père.

» — Je serai ton père! répéta doucement l'enfant.

» — Excusez-le, dit sa mère, il a toujours été seul, il est bien petit encore, tout ce monde l'intimide; plus tard, milord, il comprendra mieux vos douces paroles.

» Mais je regardais l'enfant, je l'examinais en silence, je me rappelais mes sinistres craintes. Hélas! ces craintes se changèrent en certitude; l'horrible saisissement éprouvé par Éva Meredith pendant sa grossesse avait eu des suites funestes pour son enfant, et une mère seule, dans sa jeunesse, son amour et son inexpérience, avait pu si longtemps ignorer son malheur.

» En même temps que moi et comme moi, lady Mary regardait l'enfant.

» Je n'oublierai de ma vie l'expression de sa physionomie : elle était debout, son regard perçant était arrêté sur le petit William et semblait pénétrer jusqu'au cœur de l'enfant. A mesure qu'elle regardait, ses yeux dardaient des éclairs, sa bouche s'entr'ouvrait comme pour sourire, sa respiration était courte et oppressée, comme lors-

que l'on attend une grande joie. Elle regardait, regardait... Il y avait sur son visage espoir, doute, attente...
Enfin sa haine fut clairvoyante, un cri de triomphe intérieur s'échappa de son cœur, mais ne dépassa pas ses
lèvres. Elle se redressa, laissa tomber un regard de
dédain sur Éva, son ennemie vaincue, et redevint impassible.

» Lord J. Kysington, fatigué des émotions de la journée, nous renvoya de son cabinet. Il resta seul toute la
soirée.

» Le lendemain, après une nuit agitée, quand je descendis chez lord J. Kysington, toute sa famille était déjà
réunie autour de lui; lady Mary tenait le petit William
sur ses genoux : c'était le tigre qui tenait sa proie.

» — Le bel enfant, disait-elle, regardez, milord, ces
soyeux cheveux blonds! comme le soleil les rend bril-
lants!... Mais, chère Éva, est-ce que votre fils est toujours aussi taciturne? Il n'a pas le mouvement, la gaieté
de son âge.

» — Il est toujours triste, répondit madame Meredith. Hélas! près de moi, il ne pouvait apprendre à rire!

» — Nous tâcherons de l'amuser, de l'égayer, reprit
lady Mary. Allons, cher enfant, embrasse ton grand-père!
tends-lui les bras et dis-lui que tu l'aimes.

» William ne bougea pas.

» — Ne sais-tu pas comment on embrasse? Harry, mon
ami, embrassez votre oncle, et donnez un bon exemple à
votre cousin.

» Harry s'élança sur les genoux de lord J. Kysington, lui passa les deux bras autour du cou, et dit :

» — A votre tour, mon cher William, reprit lady Mary.

» William resta immobile, sans même lever les yeux vers son grand-père.

» Une larme roula sur les joues d'Éva Meredith.

» — C'est ma faute, dit-elle, j'ai mal élevé mon enfant !

» Et ayant pris William sur ses genoux, les pleurs qui s'étaient échappés de ses yeux tombèrent sur le front de son fils; il ne les sentit pas et s'endormit sur le cœur oppressé de sa mère.

» — Tâchez, dit lord J. Kysington à sa belle-fille, que William devienne moins sauvage.

» — Je tâcherai, répondit Éva avec ce ton d'enfant soumis que je lui connaissais depuis longtemps, je tâcherai, et peut-être réussirai-je, si lady Mary veut avec bonté me dire ce qu'elle a fait pour rendre son fils si heureux et si gai.

» Puis la mère désolée regarda Harry, qui jouait près du fauteuil de lord James Kysington, et son regard retomba sur son pauvre enfant endormi.

» — Il a souffert même avant de naître, murmura-t-elle; nous avons tous deux été bien malheureux; mais je vais essayer de ne plus pleurer pour que William soit gai comme les autres enfants.

» Deux jours s'écoulèrent, deux jours pénibles, pleins de troubles cachés, pleins d'une morne inquiétude. Le front de lord J. Kysington était soucieux, son regard par moments m'interrogeait. Je détournais les yeux pour éviter de répondre.

» Le matin du troisième jour, lady Mary entra avec des jouets de toute sorte qu'elle apportait aux deux enfants. Harry s'empara d'un sabre et courut par la chambre en poussant mille cris de joie. William resta immobile, tenant dans ses petites mains les jouets qu'on lui donnait, mais il n'essaya pas d'en faire usage; il ne les regarda même pas.

» — Tenez, milord, dit lady Mary à son frère, prenez ce livre de gravures, et donnez-le à votre petit-fils, peut-être son attention sera-t-elle éveillée par les peintures qui s'y trouvent.

» Puis elle conduisit William auprès de lord J. Kysington. L'enfant se laissa faire, marcha, s'arrêta, et resta comme une statue là où on le plaça.

» Lord J. Kysington ouvrit le livre. Tous les yeux se tournèrent vers le groupe que formaient en ce moment le vieillard et son petit-fils. Lord J. Kysington était sombre, silencieux, sévère; il tourna lentement plusieurs pages, s'arrêtant à chaque image, et regardant William, dont les yeux fixes ne s'étaient pas même dirigés vers le livre. Lord J. Kysington tourna encore quelques feuillets, puis sa main devint immobile; le livre glissa de ses genoux à terre, et un morne silence règne dans la chambre.

» Lady Mary s'approcha de moi, se pencha comme pour me parler à l'oreille, mais d'une voix assez haute pour être entendue de tous :

» — Mais cet enfant est idiot! docteur, me dit-elle.

» Un cri lui répondit. Éva se leva comme si la foudre l'eût atteinte, et saisissant son fils qu'elle serrait convulsivement sur sa poitrine :

» — Idiot! s'écria-t-elle, tandis que son regard indigné brillait pour la première fois du plus vif éclat; idiot! répéta-t-elle, parce qu'il a été malheureux toute sa vie, parce qu'il n'a vu que des larmes depuis que ses yeux sont ouverts, parce qu'il ne sait pas jouer comme votre fils, qui a toujours eu de la joie autour de lui! Ah! madame, vous insultez le malheur! Viens, viens, mon enfant! s'écria Éva tout en larmes. Viens, éloignons-nous de ces cœurs sans pitié, qui n'ont que des paroles dures pour notre infortune!

» Et la malheureuse mère, emportant son enfant, monta rapidement dans sa chambre. Je la suivis. Elle posa William à terre, et s'agenouillant devant ce petit enfant :

» — Mon fils! mon fils! s'écria-t-elle.

» William s'avança vers elle et vint appuyer sa tête sur l'épaule de sa mère.

» — Docteur, s'écria-t-elle, il m'aime, vous le voyez! il vient à moi quand je l'appelle; il m'embrasse! Ses ca-

resses ont suffi à ma tranquillité, à mon triste bonheur!
Mon Dieu, ce n'était donc pas assez! Mon fils, parle-moi,
rassure-moi! trouve un mot consolant, un seul mot à dire
à ta mère au désespoir! Jusqu'à présent, je ne t'ai demandé que de me rendre les traits de ton père et de me
laisser du silence pour que je puisse pleurer sans con-
trainte. Aujourd'hui, William, il me faut des paroles de
toi! Ne vois-tu pas mes larmes, ma terreur! Cher enfant,
toi si beau, si pareil à ton père, parle, parle-moi!

» Hélas! hélas! l'enfant resta sans mouvement, sans effroi, sans intelligence; un sourire seulement, un sourire horrible à voir effleura ses lèvres. Éva cacha sa figure dans ses
deux mains, et resta à genoux sur la terre. J'entendis
longtemps le bruit de ses sanglots.

» Alors je demandai au ciel de m'inspirer des pensées
consolantes qui pussent apporter à cette pauvre mère une
lueur d'espoir. Je lui parlai de l'avenir, de guérison à attendre, de changement possible, probable; mais l'espérance ne se prête guère au mensonge. Là où elle n'existe
pas, elle ne se laisse pas entrevoir. Un coup terrible, un
coup mortel avait été porté, et Éva Meredith venait de
comprendre toute la vérité.

» A dater de ce jour, un seul enfant descendit chaque
matin dans le cabinet de lord J. Kysington. Deux femmes
y venaient, mais une seule semblait vivre, l'autre se tai-
sait comme ceux qui sont morts; l'une disait : « Mon fils, »
l'autre ne parlait jamais de son enfant; l'une portait le

front haut, l'autre avait la tête inclinée sur sa poitrine pour mieux cacher ses larmes; l'une était belle et brillante, l'autre était pâle et vêtue de noir. La lutte était finie. Lady Mary triomphait.

» On laissait Harry jouer sous les yeux d'Éva Meredith; c'était cruel. Sans prendre souci des angoisses de cette femme, on amenait Harry répéter des leçons en présence de son oncle; on vantait ses progrès. La mère ambitieuse calculait toutes choses pour consolider le succès, et tandis qu'elle avait de douces paroles, de feintes consolations pour Éva Meredith, elle lui torturait le cœur à chaque instant du jour. Lord J. Kysington, frappé dans ses plus chères espérances, avait repris la froide impassibilité qui m'avait tant effrayé. Maintenant c'était, je le voyais, le dernier mot de son caractère, c'était la pierre qui scelle un tombeau. Strictement poli envers sa belle-fille, il n'avait pour elle nulle parole d'affection; la fille du planteur américain ne pouvait trouver de place dans son cœur que comme mère de son petit-fils. Cet enfant, il le regardait comme n'existant pas. Lord J. Kysington fut plus que jamais sombre, taciturne, regrettant peut-être d'avoir donné à sa vieillesse une émotion pénible et désormais inutile.

» Un an s'écoula, puis un triste jour vint où lord J. Kysington fit appeler Éva Meredith, et lui faisant signe de s'asseoir près de son fauteuil :

» — Écoutez-moi, madame, dit-il, écoutez-moi avec courage. Je veux agir loyalement envers vous et ne vous rien cacher; je suis vieux et malade, il faut m'occuper de mes affaires. Elles sont tristes et pour vous et pour moi. Je ne vous parlerai pas de mon ressentiment lors du mariage de mon fils. Votre malheur m'a désarmé, je vous ai appelée vers moi, et j'ai désiré voir et aimer dans votre fils William l'héritier de ma fortune, le jeune homme sur lequel se basaient tous mes rêves d'avenir et d'ambition.

» Hélas! madame, la destinée fut cruelle envers nous! La veuve et le fils de mon fils auront tout ce qui peut assurer une existence honorable; mais, maître d'une fortune que moi seul ai acquise, j'adopte mon neveu, et c'est lui que je regarderai désormais comme mon unique héritier. Je retourne à Londres pour surveiller mes affaires; suivez-moi, madame, ma maison est la vôtre, je vous y verrai avec plaisir. »

» Éva (elle me l'a dit depuis) sentit en elle, pour la première fois, le courage remplacer l'abattement. Elle eut la force que donne une noble fierté : elle releva la tête, et si son front n'avait pas l'orgueil de celui de lady Mary, il avait du moins la dignité du malheur.

» — Partez, milord, répondit-elle, partez, je ne vous suivrai pas. Je n'irai pas être témoin de la déchéance de mon fils! Vous vous êtes bien hâté, milord, de le condamner pour toujours! Que sait-on de l'avenir? Vous avez bien vite désespéré de la miséricorde de Dieu!

» — L'avenir, reprit lord J. Kysington, à mon âge, il est tout entier dans le jour qui s'écoule. Si je veux agir, il faut que j'agisse le matin sans même attendre le soir.

» — Faites donc comme vous l'entendez, répondit Éva. Je retourne dans la demeure où j'ai été heureuse près de mon mari, j'y retourne avec votre petit-fils lord William Kysington; ce nom, son seul héritage, il le garde, et le monde dût-il ne connaître ce nom qu'en le lisant sur son tombeau, votre nom, milord, est le nom de mon pauvre fils!

» Huit jours après, Éva Meredith descendait le grand escalier de l'hôtel, tenant encore, comme lorsqu'elle entra dans cette fatale maison, son fils par la main. Lady Mary était un peu en arrière d'elle, quelques marches plus haut qu'elle; de nombreux domestiques, tristement silencieux, regardaient et regrettaient la douce maîtresse chassée du toit paternel.

» En quittant cette demeure, Éva Meredith quittait les seuls êtres qu'elle connût sur la terre, les seuls dont elle eût le droit de réclamer la pitié; le monde s'ouvrait devant elle, immense et vide : c'était Agar partant pour le désert... »

— C'est horrible, docteur! s'écrièrent les auditeurs du médecin du village; y a-t-il des vies si complétement malheureuses? Quoi! vous avez vu vous-même!...

— J'ai vu, mais je ne vous ai pas encore tout dit, répondit le docteur Barnabé. Laissez-moi achever.

« Peu de temps après le départ d'Éva Meredith, lord J. Kysington se mit en route pour Londres. Me trouvant

libre, je renonçai à tout nouveau désir de m'instruire :
j'avais assez de science pour mon village, j'y revins en
toute hâte.

» Nous voilà donc encore dans cette petite maison
blanche, réunis comme avant cette absence de deux
années; mais que le temps qui venait de s'écouler avait
augmenté la grandeur du malheur! Nul n'osait parler de
l'avenir, ce moment inconnu dont nous avons tant besoin,
et sans lequel le jour présent passe, s'il est heureux, en
ne donnant qu'un bonheur trop faible, s'il est triste, en
laissant le malheur trop grand.

» Jamais je ne vis une douleur plus noble dans sa
simplicité, plus calme dans sa force que celle d'Éva
Meredith. Elle priait encore le Dieu qui la frappait.
Dieu pour elle, c'était celui qui peut l'impossible, celui
près duquel on recommence l'espérance quand les espérances de la terre sont éteintes. Son regard, ce regard
plein de foi, qui m'avait déjà si vivement frappé, s'arrêtait sur le front de son enfant comme pour y attendre
la venue de l'âme qu'elle appelait par ses prières. Je ne
saurais vous peindre la courageuse patience de cete mère
parlant à son fils, qui écoutait sans comprendre. Je ne
saurais vous dire tous les trésors d'amour, de pensées, de
récits ingénieux qu'elle jeta à cette intelligence fermée,
qui répétait, comme un écho, les derniers mots du doux
langage qu'on lui parlait; elle lui expliquait le ciel, Dieu,
ses anges; cherchant à le faire prier, elle joignait ses

mains, mais elle ne pouvait lui faire lever les yeux vers le ciel.

» Elle essaya, sous toutes les formes possibles, les premières leçons de l'enfance; elle lisait à son fils, lui parlait, occupait ses yeux par des images; elle demandait à la musique d'autres sons que la parole.

» Un jour même, faisant un horrible effort, elle raconta à William la mort de son père; elle espérait, attendait une larme. Ce matin-là, son enfant s'endormit pendant qu'elle lui parlait encore; des larmes furent versées, mais ce fut des yeux d'Éva Meredith qu'elles tombèrent.

» Elle s'épuisa en vains efforts, en lutte persévérante; elle travaillait pour pouvoir continuer à espérer; mais aux yeux de William les images n'étaient que des couleurs; à ses oreilles, les paroles n'étaient que du bruit. Cet enfant cependant grandissait et devenait d'une beauté merveilleuse. Si on ne l'eût vu qu'un instant, on aurait appelé du calme l'immobilité de sa physionomie; mais ce calme prolongé, continu, cette absence de tout chagrin, de toutes larmes, avait sur nous un étrange et triste effet. Ah! il faut que souffrir soit bien inhérent à notre nature, puisque l'éternel sourire de William faisait dire à tout le monde : « Le pauvre idiot! » Les mères ne savent pas le bonheur qui se cache dans les pleurs de leur enfant. Une larme, c'est un regret, un désir, une crainte; c'est l'existence enfin qui commence à être comprise! Hélas! William était content de tout. Il semblait le long du jour dormir les yeux ouverts; il n'allait pas plus vite, il ne se retournait pas; il ne fuyait nul danger; il n'avait jamais d'ennui, d'impatience, de colère. S'il ne savait pas obéir aux paroles qu'on lui disait, il obéissait du moins à la main qui le conduisait. Dans cette nature privée de toute lumière, il ne restait qu'un instinct : il connaissait sa mère, il l'aimait même. Il se plaisait à s'appuyer sur ses genoux, sur son épaule; il l'embrassait. Quand je le tenais longtemps éloigné d'elle, une sorte d'anxiété de mouvement se manifestait en lui. Je le ramenais près de sa mère, il ne montrait aucune joie; seulement il devenait tranquille. Cette tendresse, cette faible lueur du cœur de William, c'était la vie d'Éva. C'est là qu'elle avait trouvé la force d'essayer, d'espérer, d'attendre. Si ses paroles n'étaient pas comprises, ses baisers du moins l'étaient! Que de fois elle prit entre ses mains la tête de son fils et baisa, baisa longtemps le front de William, comme si elle eût espéré que son amour embraserait cette âme muette et glacée! Que de fois elle attendit un miracle en serrant son fils dans ses bras, en mettant le cœur tranquille de William sur son cœur brûlant!

» Souvent elle s'oubliait le soir dans l'église du village. (Éva Meredith était d'une famille catholique.) A genoux, sur la pierre, devant l'autel de la Vierge, à la statue de marbre de Marie tenant son enfant dans ses bras : O Vierge! mon fils est inanimé comme cette image du tien! demande à Dieu une âme pour mon enfant!

» Elle faisait la charité à tous les enfants pauvres du village, leur donnant du pain, des vêtements, en disant : « Priez pour lui! » Elle consolait les mères qui souffraient, dans le secret espoir que la consolation viendrait aussi pour elle. Elle ne laissait aucune larme couler des yeux des autres, afin de pouvoir croire qu'elle cesserait aussi de pleurer. Dans tout ce pays, elle fut aimée, bénie, vénérée; elle le savait, et offrait doucement au ciel, non avec orgueil, mais avec espérance, les bénédictions des malheureux, pour obtenir la grâce de son fils. Elle aimait à regarder William dormir; alors elle le voyait beau et semblable aux autres enfants; elle oubliait un instant, une seconde peut-être, et devant ces traits réguliers, cette chevelure dorée, ces longs cils qui jetaient leur ombre sur la joue rosée de William, elle était mère, mère presque avec joie, presque avec orgueil. Dieu a des moments de miséricorde même envers ceux qu'il a condamnés à souffrir.

» Ainsi s'écoulèrent les premières années de William. Il atteignit huit ans. Alors s'opéra en Éva Meredith un triste changement, qui ne put échapper à mes regards attentifs; elle cessa d'espérer, soit que la taille déjà élevée de son fils rendît plus frappant le manque d'intelligence, soit que, comme un ouvrier qui, ayant travaillé tout le jour, succombe le soir à la fatigue, l'âme d'Éva parût renoncer à la tâche entreprise et retomber avec accablement sur elle-même, ne demandant plus au ciel que de la résignation. Elle laissa les livres, les gravures, la musique, tous les moyens enfin qu'elle avait appelés à son secours; elle devint abattue et silencieuse; seulement, si cela était possible, elle fut plus tendre encore pour son fils. Quand elle cessa de croire qu'elle lui rendrait les chances d'aller dans le monde, de se faire des amis, d'acquérir une position, elle sentit en même temps que son enfant n'avait plus qu'elle sur la terre; elle demanda à son cœur un miracle : celui d'augmenter l'amour qu'elle lui portait déjà.

Cette femme devint l'esclave, la servante de son fils; toute son âme ne songea plus qu'à le préserver d'une souffrance, d'une gêne quelconque. Si un rayon du soleil frappait le front de William, elle se levait, inclinait le rideau, amenait l'ombre au lieu du jour trop vif qui avait fait baisser les yeux de son enfant. Si elle se sentait atteinte par le froid, c'était à William qu'elle portait un vêtement plus chaud; si elle avait faim, c'était pour William qu'elle allait cueillir les fruits du jardin; si elle se sentait fatiguée, c'était à lui qu'elle avançait le grand fauteuil et les coussins moelleux; enfin elle s'écoutait vivre pour deviner les sensations de la vie de son fils. C'était encore de l'activité, ce n'était plus de l'espérance.

» Mais William atteignit onze ans : alors commença une dernière phase de l'existence d'Éva Meredith. William, prodigieusement grand et fort pour son âge, cessa d'avoir besoin de ces soins de chaque instant qu'on donne aux premières années de la vie; ce n'était plus l'enfant qui s'endormait sur les genoux de sa mère; il se promenait seul dans l'enceinte du jardin, il montait à cheval avec moi, il me suivait volontiers dans mes courses de montagne; enfin l'oiseau, quoique privé d'ailes, quittait son nid.

» Le malheur de William n'avait rien d'effrayant ni de pénible à voir. C'était un jeune garçon, beau comme le jour, silencieux, calme comme on ne l'est pas sur cette terre, dont le regard n'exprimait rien que le repos, dont la bouche ne savait que sourire; il n'était ni gauche, ni disgracieux, ni importun; c'était une âme qui dormait à côté de la vôtre, n'ayant nulle question, nulle réponse à vous faire. Madame Meredith n'eut plus, pour occuper sa douleur, cette activité de la mère qui est encore restée nourrice; elle revint s'asseoir près de cette fenêtre d'où elle voyait le hameau et le clocher de l'église, à cette même place où elle avait tant pleuré son premier William. Sa figure pâle se tournait vers l'air extérieur, comme pour demander au vent qui soufflait dans les arbres de donner aussi un peu de fraîcheur à son front; ses bras, allongés à ses côtés, s'inclinaient sans force, comme les bras oisifs ou fatigués qui n'ont plus rien à faire sur cette terre.

» L'espérance, les soins à donner, tout lui manquait successivement; elle n'avait plus qu'à veiller, qu'à veiller de loin, le jour et la nuit, comme la lampe qui brûle toujours sous la voûte de l'église.

» Mais ses forces étaient épuisées. Au milieu de cette douleur revenue à son point de départ, le silence et l'immobilité, après avoir vainement essayé l'effort, le courage, l'espérance, Éva Meredith tomba en consomption. En dépit des ressources de mon art, je la vis maigrir et s'affaiblir. Où porter le remède quand c'est l'âme qui est atteinte?

» Pauvre étrangère! elle aurait eu besoin du soleil de son pays et d'un peu de bonheur pour la réchauffer; mais le rayon de soleil et le rayon de bonheur lui manquaient à la fois. Elle fut longtemps sans s'apercevoir de son danger, parce qu'elle ne pensait pas à elle-même; mais quand il ne fut plus possible qu'elle quittât son fauteuil, il fallut bien comprendre! Je n'oserai pas vous peindre les angoisses de cette femme à la pensée de laisser William sans appui, sans amis, sans protecteur, de le laisser perdu au milieu des indifférents, lui qu'il fallait aimer et conduire par la main comme un enfant. Oh! comme elle essaya de vivre! Avec quelle avidité elle se jetait sur les boissons que je lui préparais! Que de fois elle voulut croire à sa guérison! Mais la maladie marchait. Alors elle retint plus souvent William à la maison; elle ne voulait plus cesser de le voir.

» — Reste avec moi, disait-elle.

» Et William, toujours content près de sa mère, s'asseyait à ses pieds. Elle le regardait longtemps, jusqu'à ce qu'un torrent de larmes l'empêchât de distinguer la douce figure de son enfant; alors elle l'appelait plus près d'elle encore, le pressait sur son cœur, et, dans une espèce de délire :

—« Oh! si mon âme qui va se séparer de mon corps pouvait, s'écriait-elle, devenir l'âme de mon enfant, que je serais heureuse de mourir! »

» Éva ne pouvait pas en arriver à désespérer tout à fait de la miséricorde divine, et quand toutes chances humaines disparaissaient, ce cœur plein d'amour avait de doux rêves dont il se refaisait des espérances. Mais qu'il était triste, hélas! de voir cette pauvre mère mourir lentement sous les yeux de son fils, d'un fils qui ne comprenait pas et qui lui souriait quand elle l'embrassait!

» — Il ne me regrettera pas, disait-elle, il ne me pleurera pas, il ne se souviendra pas!

» Et puis elle demeurait immobile, dans une muette contemplation de son enfant; sa main alors parfois cherchait la mienne.

» — Vous l'aimez, ami docteur, murmurait-elle.

» — Je ne le quitterai pas, lui disais-je, tant qu'il n'aura pas de meilleurs amis que moi.

» Dieu dans le ciel et le pauvre médecin de village sur la terre, voilà les protecteurs auxquels elle confiait son fils.

» La foi est une grande chose!... Cette femme veuve, déshéritée, mourante, auprès d'un enfant sans intelligence, n'avait pas encore un de ces désespoirs sans issue

qui font qu'on meurt en blasphémant. Un ami invisible
était près d'elle; elle sembla s'appuyer sur lui, et parfois prêter l'oreille à de saintes paroles qu'elle seule entendait.

» Un matin, elle m'envoya chercher de bonne heure;
elle n'avait pu quitter son lit, et, de sa main amaigrie,
elle me montra une feuille de papier sur laquelle quelques
lignes étaient tracées.

» — Ami docteur, me dit-elle de sa voix la plus
douce, je n'ai pas la force de continuer, achevez cette
lettre.

» Je lus ce qui suit :

« Milord, c'est la dernière fois que je vous écris. Tandis que la santé est rendue à votre vieillesse, moi je souffre
et je suis prête à mourir. Je laisse sans protecteur votre
petits-fils William Kysington. Milord, cette dernière lettre
est pour le rappeler à votre souvenir; je demande moins
pour lui votre fortune qu'une place dans votre cœur. De
toutes les choses de la vie, il n'a compris qu'une seule
chose : l'amour de sa mère. Voilà qu'il me faut le quitter
pour toujours! Aimez-le, milord : il ne comprend que
l'affection! »

» Elle n'avait pu achever; j'ajoutai :

« Lady William Kysington a peu de jours à vivre; quels

sont les ordres de lord James Kysington à l'égard de l'enfant qui porte son nom?

» Le docteur BARNABÉ. »

» Cette lettre fut envoyée à Londres, et nous attendîmes. Éva ne quitta plus son lit; William, assis près d'elle, tenait, tout le long du jour, sa main dans les siennes; sa mère essayait tristement de lui sourire; moi, de l'autre côté du lit, je préparais les potions qui pouvaient adoucir le mal.

» Elle recommençait à parler à son fils, comme ne désespérant plus qu'après sa mort quelques mots dits par elle ne revinssent à sa mémoire; elle donna à cet enfant tous les conseils, toutes les instructions qu'elle eût donnés à un être éclairé; puis, elle se retournait vers moi :

» — Qui sait, docteur? disait-elle, peut-être qu'un jour il retrouvera mes paroles au fond de son cœur!

» Quelques semaines s'écoulèrent encore. La mort approchait, et, quelque soumise que fût l'âme chrétienne d'Éva, ce moment ramenait l'angoisse de la séparation et la terreur solennelle de l'avenir. Le curé du village vint la voir, et, quand il la quitta, je m'approchai de lui, je pris sa main :

» — Vous prierez pour elle, lui dis-je.

» — Je lui ai demandé de prier pour moi, répondit-il.

» C'était le dernier jour d'Éva Meredith. Le soleil était couché; la fenêtre près de laquelle elle s'était si longtemps assise était ouverte; elle pouvait voir de loin ce pays qu'elle avait aimé. Elle tenait son fils dans ses bras, et baisait son front, ses cheveux, en pleurant tristement :

» — Pauvre enfant! que deviendras-tu? Oh! disait-elle avec amour, écoute-moi, William : je me meurs! ton père est mort aussi! te voilà seul! il faut prier le Seigneur; je te donne à celui qui veille sur le passereau solitaire sur les toits : il veillera sur l'orphelin. Cher enfant, regarde-moi, écoute-moi! Tâche de comprendre que je meurs, afin de te souvenir un jour de moi!

» Et la pauvre mère, perdant la force de parler, gardait encore celle d'embrasser son enfant.

» En ce moment, un bruit inusité frappa mes oreilles. Les roues d'une voiture faisaient crier le sable des allées du jardin. Je courus vers le perron. Lord J. Kysington et lady Mary entraient dans la maison.

» — J'ai reçu votre lettre, me dit lord J. Kysington; j'étais au moment de partir pour l'Italie; cela m'éloignait peu de ma route de venir moi-même régler le sort de William Meredith : me voici. Lady William?...

» — Lady William Kysington vit encore, milord, lui répondis-je.

» Ce fut avec un sentiment pénible que je vis entrer dans la chambre d'Éva cet homme calme, froid, austère, suivi de cette femme orgueilleuse qui venait être témoin

d'un événement heureux pour elle : la mort de son ancienne rivale. Ils pénétrèrent dans cette petite chambre,
simple, modeste, si différente des beaux appartements de
l'hôtel de Montpellier. Ils s'approchèrent de ce lit sous les
rideaux blancs duquel Éva, pâle et belle encore, tenait
son fils appuyé sur son cœur. Ils se placèrent l'un à droite,
l'autre à gauche de ce lit de douleur, et ne trouvèrent pas
une parole affectueuse pour consoler cette pauvre femme
dont le regard se levait vers eux. Quelques phrases gla-
cées, quelques mots sans suite, s'échappèrent à peine de
leurs lèvres. Assistant pour la première fois au doulou-
reux spectacle d'une agonie, ils en détournèrent les yeux,
et, se persuadant qu'Éva Meredith ne voyait ni n'entendait, ils attendirent simplement qu'elle fût morte, sans
même donner à leur visage une expression d'emprunt de
bonté ou de regret. Éva fixa sur eux ses regards mourants,
et un effroi subit s'empara de ce cœur qui battait à peine.
Elle comprit alors ce qu'elle n'avait pas compris pendant
sa vie, les sentiments cachés de lady Mary, la profonde
indifférence, l'égoïsme de lord J. Kysington. Elle comprit
enfin que c'étaient là les ennemis et non les protecteurs
de son fils. Le désespoir, la terreur, se peignirent sur son
pâle visage. Elle n'essaya pas d'implorer ces êtres sans
âme. D'un mouvement convulsif, elle approcha William
plus près encore de son cœur, et, rassemblant toutes ses
forces :

» — Mon enfant, mon pauvre enfant! s'écria-t-elle dans

un dernier baiser, tu n'as pas un seul appui sur la terre; mais là-haut Dieu est bon. Mon Dieu! viens au secours de mon enfant !

» Avec ce cri d'amour, avec cette suprême prière, sa vie s'exhala; ses bras s'entr'ouvrirent, ses lèvres restèrent immobiles sur le front de William. Puisqu'elle n'embrassait plus son fils, c'est qu'elle était morte, morte sous les yeux de ceux qui jusqu'à la fin avaient refusé de lui tendre une main secourable, morte sans donner à lady Mary la crainte de voir essayer par une prière de faire révoquer l'arrêt prononcé, morte en lui laissant une victoire complète, définitive.

» Il y eut un instant de silence; personne ne remua ni ne parla. La mort fait incliner les fronts les plus orgueilleux. Lady Mary et lord J. Kysington fléchirent les genoux auprès du lit de leur victime. Au bout de quelques minutes, lord J. Kysington se releva et me dit :

» — Éloignez cet enfant de la chambre de sa mère, et suivez-moi, docteur; je vous expliquerai mes intentions à son égard.

» Il y avait deux heures que William était appuyé sur l'épaule d'Éva Meredith, son cœur placé sur son cœur, sa bouche sur sa bouche, recevant à la fois ses baisers et ses larmes. Je m'approchai de William, et, sans lui adresser d'inutiles paroles, j'essayai de le soulever pour l'emmener hors de la chambre; mais William résista, et ses bras serrèrent plus vivement sa mère sur son cœur. Cette résistance, la première que le pauvre enfant eût jamais opposée à qui que ce fût sur la terre, me toucha jusqu'au fond de l'âme. Cependant je renouvelai l'effort : cette fois William céda; il fit un mouvement, et, se tournant vers moi, je vis son beau visage inondé de larmes. Avant ce jour, William n'avait jamais pleuré. Une vive émotion s'empara de moi, et je laissai l'enfant se jeter de nouveau sur le corps de sa mère.

» — Emmenez-le donc! me dit lord James Kysington.

» — Milord, il pleure, m'écriai-je. Ah! laissons ses pleurs couler!

» Je me penchai vers l'enfant; j'entendis des sanglots.

» — William! mon cher William! lui dis-je avec anxiété en prenant sa main dans mes mains; pourquoi pleures-tu, William?

» Une seconde fois William tourna la tête vers moi; puis, avec un doux regard plein de douleur :

» — Ma mère est morte! répondit-il.

» Je n'ai pas de paroles pour vous dire ce que j'éprouvai. Les yeux de William avaient de l'intelligence; ses larmes étaient tristes comme ne coulant pas au hasard, et le son de sa voix était brisé comme lorsque le cœur souffre. Je poussai un cri; je me mis presque à genoux près du lit d'Éva.

» — Ah! vous aviez raison, Éva! lui dis-je, de ne pas désespérer de la bonté du ciel !

» Lord J. Kysington lui-même avait tressailli. Lady Mary était pâle comme Éva morte.

» — Ma mère! ma mère! s'écriait William avec des accents qui remplissaient mon cœur de joie.

» Puis, répétant les paroles d'Éva Meredith, ces paroles qu'elle disait bien qu'il retrouverait au fond de son cœur, l'enfant reprit à haute voix :

» — Je me meurs, mon fils; ton père est mort; tu es seul sur la terre! Il faut prier le Seigneur!

» J'appuyai doucement ma main sur l'épaule de William pour le faire s'incliner et se mettre à genoux; il s'agenouilla, joignit tout seul cette fois ses deux mains tremblantes, et levant vers le ciel un regard plein de vie :

» — Mon Dieu! ayez pitié de moi! murmura-t-il.

« Je me penchai vers Éva, je pris sa main glacée. O mère! mère qui as tant souffert, m'écriai-je, entends-tu ton enfant? le vois-tu de là-haut? Sois heureuse! ton fils est sauvé! pauvre femme qui as tant pleuré!

» Éva, étendue morte aux pieds de lady Mary, cette fois pourtant faisait trembler sa rivale, car ce ne fut pas moi qui emmenai William hors de la chambre; ce fut lord J. Kysington qui emporta son petit-fils dans ses bras.

» Que vous dirai-je, mesdames? William retrouva la raison et partit avec lord J. Kysington. Plus tard, réintégré dans ses droits, il fut l'unique héritier des biens de sa famille. La science a constaté quelques-uns de ces rares exemples d'une intelligence ranimée par une violente secousse morale. Ainsi donc le fait que je vous raconte trouve là son explication naturelle; mais les bonnes femmes du village, qui avaient soigné Éva Meredith pendant sa maladie, et qui avaient entendu ses ferventes prières, sont convaincues qu'ainsi qu'elle l'avait demandé au ciel, l'âme de la mère a passé dans le corps de l'enfant.

» — Elle était si bonne, disent les villageoises, que Dieu n'avait rien à lui refuser.

» Cette naïve croyance est parfaitement établie dans le pays. Personne ne pleura madame Meredith comme morte.

» — Elle vit encore, disent les habitants du hameau; parlez à son fils, c'est elle qui vous répondra.

» Et lorsque lord William Kysington, devenu possesseur des biens de son grand-père, envoya chaque année d'abondantes aumônes au village qui vit mourir sa mère, les pauvres s'écrièrent :

» — Voilà cette bonne âme de madame Meredith qui pense encore à nous! Ah! quand elle s'en ira au ciel, les malheureux seront bien à plaindre!

» Ce n'est pas sur sa tombe que nous portons des fleurs, mais sur les marches de l'autel de la Vierge, où elle priait si souvent Marie d'envoyer une âme à son fils. En déposant là leurs bouquets de fleurs des champs, les villageois se disent entre eux :

» Quand elle priait avec tant de ferveur, la bonne Vierge lui répondait tout bas : « Je donnerai ton âme à ton enfant! »

» Le curé a laissé à nos paysans cette touchante croyance, et moi-même, quand lord William vint me voir dans ce village, quand il fixa sur moi son regard si semblable à celui de sa mère, quand sa voix, qui avait un accent bien connu, me dit, ainsi que le faisait madame Meredith : « Ami docteur, je vous remercie! » alors, souriez, mesdames, si vous le voulez, je pleurai, et je crus, avec tout le village, qu'Éva Meredith était là devant moi!

» Cette femme, dont l'existence ne fut que longs malheurs, a laissé, après sa mort, un souvenir doux, consolant, qui n'a rien de pénible pour ceux qui l'ont aimée. En songeant à elle, on songe à la miséricorde de Dieu, et, si l'on a une espérance au fond de son cœur, on espère avec une plus douce confiance.

» Mais il est bien tard, mesdames; depuis longtemps vos voitures sont devant le perron. Excusez ce long récit; à mon âge, on ne sait pas être bref en parlant des souvenirs de sa jeunesse. Pardonnez au vieillard de vous avoir fait sourire à son arrivée et pleurer quand vous l'avez écouté. »

Ces dernières paroles furent dites du ton le plus doux et le plus paternel, tandis qu'un demi-sourire effleurait les lèvres du docteur Barnabé. Chacun alors s'approcha de lui, on commença mille remerciements; mais le docteur Barnabé se leva, se dirigea vers sa redingote de taffetas puce déposée sur un fauteuil, et tandis qu'un de ses jeunes auditeurs l'aidait à s'en vêtir : « Adieu, messieurs, adieu, mesdames, dit le médecin du village; ma carriole est là, la nuit est venue, le chemin est mauvais, bonsoir : je pars. »

Quand le docteur Barnabé fut installé dans son cabriolet d'osier vert, que le petit cheval gris, chatouillé par le fouet, fut au moment de partir, madame de Moncar s'avança vivement, et, un pied posé sur le marchepied de la voiture, se penchant vers le docteur Barnabé, elle lui dit tout bas, bien bas :

— Docteur, je vous donne la maison blanche, et je la ferai arranger telle qu'elle était quand vous aimiez Éva Meredith.

Puis elle s'enfuit : les voitures et la cariole verte partirent dans des directions différentes.

MADAME D'ARDOUVILLE.

FIN.

Nouvelles Publications :

GEORGE SAND.
Le Château des Désertes, 1.
DE LAMARTINE.
Le Tailleur de Pierres de
Saint-Point, 2 v.
ÉLIE BERTHET.
Le Val-Perdu, 1.
C. DICKENS.
Souvenirs de Jeunesse, 6 v.
ALEX. DUMAS.
Dieu dispose, 1 à 6 (parus).
La Colombe, 1.
Mémoires de Talma, 1 à 5.
La Tulipe noire, 2.
Mémoires d'un Médecin, 9.
Le Collier de la Reine, 7.
Ange Pitou, (suite).
Louis XV, 5.
Louis XVI, 5.
Les Mille et un Fantômes, 6.
La Régence, 2.
Vicomte de Bragelonne, 18.
A. DUMAS FILS.
Diane de Lys, 1.
PAUL DE KOCK.
Une Gaillarde, 5.
Cerisette, 4.
HENRI DE KOCK.
Brin-d'Amour, 2.
X. DE MONTÉPIN.
Confessions d'un Bohême, 4.
Le Loup noir, 2.
MONSELET.
Les Chemises rouges, 4.

DE LA LANDELLE.
Le Toréador, 1.
COMTESSE D'ARBOUVILLE.
Christine, 1.
EUGÈNE SUE.
La Bonne Aventure, 4.
Les Enfants de l'Amour, 5.
Les Mystères du Peuple, 1
à 12 (parus).
Les Sept Péchés Capitaux.
» l'Orgueil, 5.
» l'Envie, 5.
» la Colère, 2.
» la Luxure, 2.
» la Paresse, 1.
MÉRY.
Les Confessions de Marion
Delorme, 4.
André Chénier, 5.
PAUL FÉVAL.
Les Belles-de-Nuit, 7.
TH. GAUTHIER.
Jean et Jeannette, 1.
É. BERTHET.
La Roche tremblante, 1.
BAZANCOURT.
Ange et Démon, 1.
M. AYCARD.
Madame de Linant, 5.
A. DE VALON.
Le Châle noir, 1.
B. CONSTANT.
Adolphe, 1.

www.ingramcontent.com/pod-product-compliance
Lightning Source LLC
Chambersburg PA
CBHW060146100426
42744CB00007B/921